DVA

Demonstração do Valor Adicionado

Moisés Moura de Melo
Sergio Correia Barbosa

DVA
Demonstração do Valor Adicionado

Freitas Bastos Editora

Maria Augusta Delgado Livraria, Distribuidora e Editora

Editor: *Isaac D. Abulafia*
Revisão do Texto: *Janaina Cunha da Silva*
Capa e Diagramação: *Jair Domingos de Sousa*

DADOS INTERNACIONAIS PARA CATALOGAÇÃO
NA PUBLICAÇÃO (CIP)

M528d

Melo, Moisés Moura de

DVA: Demonstração do Valor Adicionado / Moisés Moura de Melo, Sergio Correia Barbosa. - Rio de Janeiro, RJ: Freitas Bastos, 2021.

174 p. ; 16cm x 23cm.

Inclui bibliografia.

ISBN: 978-65-5675-022-4

1. Ciências Contábeis. 2. DVA – Demonstração do Valor Adicionado. 3. Riqueza. 4. Empresa. I. Barbosa, Sergio Correia. II. Título.

2021-166 CDD 657 CDU 657

Freitas Bastos Editora

Tel. (21) 2276-4500
freitasbastos@freitasbastos.com
vendas@freitasbastos.com
www. freitasbastos.com

À minha mãe, Miriam Moura de Melo, pelo seu empenho carinho e dedicação com o seu filho, minha noiva Priscila Miranda de Mello com seus ensinamentos sempre proveitosos e por estar sempre ao meu lado me apoiando.

Moisés Melo;

À minha família: Selma Gomes Barbosa, minha mulher; Sergio Gomes Barbosa, meu filho; Solânio e Dorinha, meus pais e Solano e Sidney, meus irmãos, pelo incentivo permanente às minhas iniciativas de contribuição à sociedade.

Sergio Correia Barbosa;

Agradecemos ao Doutor Francisco José dos Santos Alves que acompanhou o desenvolvimento da 1ª edição deste livro

À Deus por tudo de bom que proporcionou em nossas vidas.

Moisés Melo e Sergio Correia Barbosa

LISTA DE ABREVIATURAS E SIGLAS

ADCE – Associação dos Dirigentes Cristãos de Empresas;

ABRASCA – Associação Brasileira das Companhias Abertas;

APIMEC NACIONAL – Associação dos Analistas e Profissionais de Investimento do Mercado de Capitais;

BOVESPA – Bolsa de Valores do Estado de São Paulo;

BS – Balanço Social;

CFC – Conselho Federal de Contabilidade;

CIDE – Contribuição de Intervenção no Domínio Econômico Incidente sobre as operações realizadas com Combustíveis;

CPC – Comitê de Pronunciamentos Contábeis;

CRC – Conselho Regional de Contabilidade;

CSLL – Contribuição Social sobre o Lucro Líquido;

CVM – Comissão de Valores Mobiliários;

DRE – Demonstração do Resultado do Exercício;

DVA – Demonstração do Valor Adicionado;

FGTS – Fundo de Garantia do Tempo e Serviço;

FGV – Fundação Getúlio Vargas;

Fides – Fundação Instituto de Desenvolvimento Empresarial e Social;

Fipecafi – Fundação Instituto de Pesquisas Contábeis, Atuariais e Financeiras;

IASB – International Accounting Standards Board;

IBASE – Instituto Brasileiro de Análises Sociais e Econômicas;

IBGE – Instituto Brasileiro de Geografia Estatística e Economia;

IBPT – Instituto Brasileiro de Planejamento Tributário;

IBRACON – Instituto dos Auditores Independentes do Brasil;

IFRS – International Financial Reporting Standards;

IPEA – Instituto de Pesquisa Econômica Aplicada;

IPI – Imposto de Produtos Industrializados;

MP – Medida Provisória;

OCDE – Organização de Cooperação para o Desenvolvimento Econômico;

PIB – Produto Interno Bruto;

R1 – Revisão número um;

R2 – Revisão número dois.

LISTA DE FIGURAS

LISTA DE TABELAS

PREFÁCIO

É com muita satisfação que apresentamos o livro de Demonstração do Valor Adicionado - (DVA) dos autores Moisés Moura de Melo e Sergio Barbosa para ajudar a disseminar este tema na sociedade brasileira e incorporar uma cultura responsável na área social focando na distribuição da riqueza gerada pelas empresas.

O conteúdo desta obra confirma que a DVA torna mais transparente como a riqueza gerada pelas empresas no Brasil é distribuída entre os agentes econômicos: empregados, governo, remuneração de capitais de terceiros e remuneração de capitais próprios. Passou a ser obrigatória no Brasil com a promulgação da Lei nº 11.638/2007, mas somente para as companhias de capital aberto.

Para comprovar a eficácia deste demonstrativo, o livro apresenta um estudo de caso da riqueza gerada e distribuída no período de 2008 a 2019 pelas maiores empresas do setor energético listadas na BM&-IBOVESPA e classificadas entre as melhores e maiores do segmento pela Revista Exame. A conclusão deste estudo mostra claramente que o Governo ficou com a metade de toda riqueza gerada por um setor importante da economia brasileira. Uma demonstração cabal do peso da carga tributária no país.

Esta obra, além de contribuir com a sociedade para uma reflexão nas áreas social, política e econômica, coopera também de forma significativa com a área acadêmica nos cursos de graduação e pós-graduação, abordando além do conteúdo da DVA, o estudo de caso das maiores empresas de energia do país e 100 questões de concursos resolvidas.

Professor Dr. Francisco José dos Santos Alves

Doutor em Contabilidade e Controladoria pela FEA/USP, professor do Programa de Pós-Graduação - Mestrado da FAF-UERJ.

SUMÁRIO

Capítulo 1

INTRODUÇÃO

Durante séculos, as empresas, em âmbito mundial, tinham como preocupação primordial a qualidade dos produtos, eficiência em processos e eficácia nos resultados, que eram direcionadas unicamente para uso dos proprietários, deixando de lado as questões sociais. Neste contexto, as empresas foram em busca de alavancar lucros e trouxeram diversos problemas decorrentes do crescimento econômico, principalmente os relacionados ao meio ambiente e à sociedade.

Os problemas ocorridos neste período foram os aumentos dos níveis de poluição do ar, água e solo como objetivo de suprir a demanda desejada de seus produtos. Como exemplo, podemos citar o vazamento de barris de petróleo do navio Exxon Valdez, no Alasca (RIBEIRO, 2010).

A partir das décadas de 60 e 70, nos Estados Unidos, começaram os debates e movimentos sobre o papel que cabiam às organizações, devido à utilização de armamentos sofisticados na guerra do Vietnã, e não se importando com o meio ambiente e o homem, visando apenas a sua rentabilidade financeira, causando assim uma grande indignação popular. Consequentemente, grande parte passou a justificar seus negócios com a adoção de um objetivo social, tendo com o intuito melhorar sua imagem aos olhos do meio ambiente e da sociedade (TINOCO, 2006).

Este movimento estendeu-se também para Europa, mais precisamente na França, na qual a sociedade desejava ter mais informações sociais sobre as empresas que passaram a publicar uma bateria de indicadores sociais, tais como: gestão de pessoal, clima social e outros. Logo, essas informações de caráter social passaram a ser vinculadas nos demonstrativos contábeis tradicionais, e com o tempo ganhou uma abordagem mais ampla, até se tornar obrigatória na França (RIBEIRO, 2010).

Já no Brasil esse movimento veio através da Associação dos Dirigentes Cristãos de Empresas (ADCE), constituída em 1961, cujos princípios entendiam que as empresas tinham uma função social.

Assim, com o nascimento da responsabilidade social e da conscientização no mundo dessa nova realidade, as empresas passaram a melhorar a forma de prestar contas sobre o desempenho empresarial, incluindo no conjunto de suas demonstrações contábeis informações referentes à gestão de recursos humanos, interação com o meio ambiente, compensação dos impactos negativos causados e dos benefícios gerados para a sociedade em geral e para a comunidade local, em particular.

De acordo com Carvalho (1990 apud TINOCO, 2001, p. 25),

> A noção de responsabilidade social remete para a atitude da empresa – em face das exigências da sociedade, em consequência de suas atividades – a avaliação e compensação dos custos sociais que a mesma gera e ampliação do campo de seus objetos, definido o papel social a desenvolver para, assim, obter legitimidade e responsabilidade perante os diversos grupos humanos que a interagem e a comunidade em seu conjunto.

Segundo Freire (2001), a responsabilidade social trabalha com três preocupações básicas: transparência, equidade e prestação de contas que juntas formam um alicerce consistente para uma implantação concreta e objetiva pelas organizações.

Por outro enfoque, a responsabilidade social faz com que as empresas busquem ir além do cumprimento das normas legais impondo que adotem formas de evidenciar os seus resultados econômicos em conjunto com o impacto causado no meio onde vivem. Isso contempla uma das exigências da sociedade às organizações, com o objetivo de cobrar soluções para a preservação do planeta, e postura mais responsável pautadas em ideias e ações concretas, e não apenas preocupadas em aumentar sua rentabilidade para distribuição dos respectivos dividendos aos proprietários.

De acordo com Kroetz (2000), no novo cenário, os relatórios emitidos pelas grandes corporações deixam de apresentar informações de caráter exclusivamente econômico e financeiro e apresentam, igualmente, informações de cunho social, destacando, dentre outras, as relacionadas com a:

- Geração e manutenção de emprego;
- Formação de mão de obra; e
- Preservação do meio ambiente.

Nesse contexto, para atender às demandas verbalizadas pela sociedade cada vez mais "engajada" e exigente, foi criada uma demonstração contábil intitulada Balanço Social (BS), de cunho não obrigatório, a ser elaborada pelas organizações com informações econômicas, sociais e ambientais, de interesse comum para a sociedade: detalhando sua participação em projetos ambientais, relações trabalhistas, investimentos realizados em prol da comunidade em que convive, em particular, e valor adicionado, principalmente no âmbito social, para o bem estar da sociedade em geral.

Dentre as diversas informações prestadas de enfoque social, a que mais se destaca é a Demonstração do Valor Adicionado (DVA), obrigatória no Brasil com a promulgação da Lei nº 11.638/2007, mas somente para as companhias de capital aberto. Ela deve ser compreendida como a forma mais competente já elaborada pela doutrina contábil para auxiliar os gestores na mensuração das riquezas geradas e da forma como foram distribuídas por uma entidade em um determinado exercício social.

Nesse enfoque Cunha, Ribeiro e Santos (2005, p. 10), entendem que:

> A DVA torna-se possível uma melhor avaliação do conjunto de empresas formadoras de uma sociedade. Os valores Adicionados por elas, calculados por meio da DVA, constituem numa parte significativa de toda a riqueza gerada por um país. É também, por meio da DVA que se pode mostrar e avaliar como essa riqueza está sendo distribuída por meio dos impostos pagos ao governo, lucro e dividendos aos acionistas, e ainda remuneração paga aos trabalhadores.

Ainda o artigo 188, inciso II da Lei das S/A, prevê que a Demonstração do Valor Adicionado indicará: o valor da riqueza gerada pela companhia, a sua distribuição entre os elementos que contribuíram para a geração dessa riqueza, tais como empregados, financiadores, acionistas, governo e outros, bem como a parcela da riqueza não distribuída.

Tendo em vista que a DVA evidencia de forma mais competente a distribuição de riquezas geradas pelas companhias abertas, esta literatura evidenciará o quanto de riquezas foram produzidas no período de 2008 a 2019 pelas maiores empresas do setor energético listadas na BM&-IBOVESPA, juntamente com a classificação da Revista Exame: Melhores e Maiores as 1000 maiores empresas do Brasil.

Logo, o objetivo desse livro é analisar o comportamento da distribuição do valor adicionado entre os agentes econômicos: empregados, governo, remuneração de capitais de terceiros e remuneração de capitais próprios no período em epígrafe, das maiores companhias do setor energético do país.

Além disso, apresentaremos a estrutura conceitual da DVA que passou a ser obrigatória no Brasil, no final de 2007, com o advento da Lei nº 11.638/07 e a Medida Provisória (MP) nº 449/08, convertida na Lei nº 11.941/09.

Consequentemente, essas mudanças trouxeram alterações específicas no Artigo 176 como, por exemplo, a inclusão do inciso V na vigente Lei nº 6.404/76 (Lei das Sociedades por Ações) que evidencia de forma clara os valores referentes à riqueza criada pela empresa em determinado período, e sua distribuição entre os agentes econômicos que contribuíram para sua geração.

Este livro apresenta também como objetivo auxiliar o leitor na elaboração e publicação de forma detalhada desse importante demonstrativo contábil. Além disso, os autores apresentam um estudo de caso, através de uma ferramenta de análise da demonstração do valor adicionado das vinte maiores empresas de energia do país segregadas nos segmentos de óleo combustível, gás natural e energia elétrica, observadas no período de 2008 a 2019, apresentando comportamento da distribuição de riqueza entre os agentes econômicos, em especial o governo, e suas variações ocorridas no cenário macroeconômico.

Logo, esta obra foi escrita de forma didática, com exemplos práticos ilustrativos e de acordo com os novos padrões, visando a contribuir com o setor acadêmico e o mercado de trabalho.

Para facilitar o processo de compreensão e aprendizagem do leitor, adicionamos ao final dos capítulos 1, 2, 3 e 4, questões objetivas sobre o assunto para fixação da matéria, acompanhadas de resoluções no final do livro.

Já no capítulo 5, apresentaremos um estudo de caso de distribuição de riqueza das maiores empresas de energia do país no período de 2008 a 2019.

1.1 Questões de Prova

A próxima etapa de entendimento é exercitarmos questões de concursos públicos.

1. (CESPE - SEFAZ-DF - Auditor Fiscal - 2020) A respeito das demonstrações contábeis, julgue o item que se segue.

A demonstração do valor adicionado apresenta as riquezas criadas pela entidade em determinado período e a forma como foram pagas, a exemplo de valores destinados à quitação de impostos, taxas e contribuições.

( ) Certo

( ) Errado

02. (CONSULPLAN - CFC - Bacharel em Ciências Contábeis - 2º Exame- 2019) Um grupo de investidores estrangeiros planeja adquirir participação societária em uma companhia aberta brasileira, cuja atividade-fim é a produção de cosméticos. Este grupo tem especial interesse em entender como a empresa brasileira distribui seu resultado entre acionistas, empregados e governo. Em virtude da importância dada à destinação da riqueza gerada pela companhia, qual demonstrativo deverá ser primordialmente analisado por estes investidores estrangeiros?

a) Demonstração dos fluxos de caixa.

b) Demonstração do valor adicionado.

c) Demonstração do resultado do exercício.

d) Demonstração dos lucros ou prejuízos acumulados.

03. (IBFC – Emdec – Analista Contábil Jr – 2019) A Demonstração do Valor Adicionado (DVA) deve ser apresentada ao final de cada exercício social, pelas entidades sob forma jurídica de Sociedade por Ações, com Capital Aberto, e outras que a lei estabelecer, porém, a Norma Brasileira de Contabilidade Técnica Geral (NBC TG 09), Demonstração do Valor Adicionado, recomenda a elaboração da mencionada demonstração por todas as empresas que divulgam demonstrações contábeis. Sendo assim, em relação à DVA, assinale a alternativa correta.

a) A DVA busca apresentar a parcela de contribuição da empresa na formação do Produto Interno Bruto (PIB), utilizando o mesmo modelo econômico no cálculo do valor adicionado;

b) A DVA está fundamentada em conceitos microeconômicos e apresenta o quanto a empresa agrega de valor aos insumos adquiridos de terceiros e, vendidos ou consumidos em determinado período;

c) A construção de ativo dentro da própria empresa é equivalente a uma produção vendida para a própria empresa, desta forma, o valor dos custos dos insumos adquiridos de terceiros deve ser registrado como receita na DVA;

d) A DVA proporciona para os investidores e outros usuários, conhecimento de informações de natureza econômica e social, oferecendo a possibilidade de melhor avaliação de suas atividades na sociedade em que está inserida.

04. (CESPE – SEFAZ-RS – Auditor Fiscal da Receita Estadual – Bloco II- 2019) Informações a respeito da riqueza econômica gerada por uma entidade e sobre a forma de distribuição dessa riqueza podem ser obtidas mediante a análise do(a)

a) balanço patrimonial.

b) demonstração das mutações do patrimônio líquido.

c) demonstração do resultado do exercício.

d) demonstração dos fluxos de caixa.

e) demonstração do valor adicionado.

05. (CESPE – FUNPRESP-JUD – Assistente – Contabilidade – 2016) Acerca das demonstrações contábeis utilizadas no Brasil, julgue o item que se segue.

O objetivo da demonstração do valor adicionado é apresentar o valor da riqueza econômica da empresa e distribuir essa riqueza aos acionistas.

( ) Certo

( ) Errado

06. (IESES – CEGÁS – Analista de Gestão – Contador -2017) A demonstração contábil que evidencia, de forma sintética, os valores correspondentes à formação da riqueza gerada pela empresa em determinado período e sua respectiva distribuição é a(o):

a) Demonstração dos Fluxos de Caixa.

b) Demonstração de Valor Adicionado.

c) Demonstração dos Lucros ou Prejuízos Acumulados.

d) Demonstração do Resultado do Exercício.

07.(CESGRANRIO - Transpetro - Contador Júnior - Auditoria Interna - 2011) Nos termos da nova redação dada à Lei no 6.404/76 pelas Leis nos 11.638/07 e 11.941/09, uma das demonstrações indicará "o valor da riqueza gerada pela companhia e a sua distribuição entre os elementos que contribuíram para a geração dessa riqueza".

Este conceito está evidenciado na demonstração

A) Valor Adicionado;

B) Resultado do Exercício;

C) Lucro ou os Prejuízos Acumulados;

D) Fluxos de Caixa;

E) Mutações do Patrimônio Líquido.

08. (CESPE - INCA - Analista em C&T Júnior - Gestão Pública - 2010) Com relação à análise da documentação contábil, julgue o item a seguir.

As demonstrações financeiras necessárias para as sociedades por ações são o balanço patrimonial, a demonstração dos lucros ou prejuízos acumulados, a demonstração do resultado do exercício e a demonstração dos fluxos de caixa. Se a companhia for caracterizada como uma companhia aberta, ela deve, ainda, apurar a demonstração do valor adicionado.

( ) Certo

( ) Errado

09. (FUNDAÇÃO SOUSÂNDRADE - CRC-MA - Contador - 2010) Em razão das recentes alterações introduzidas na Lei nº 6.404/1976, passou-se a exigir das Sociedades Anônimas a elaboração de um demonstrativo capaz de evidenciar o valor da riqueza gerada e sua distribuição entre os elementos que contribuíram para tal geração, como acionistas, empregados, financiadores etc., bem como evidenciar a parcela da riqueza não distribuída.

O demonstrativo acima referido é denominado

A) Balanço Social.

B) Fluxo de Caixa.

C) Balanço Patrimonial.

D) Mutações Patrimoniais.

E) Valor Adicionado.

Capítulo 2
RELATÓRIOS DE RESPONSABILIDADE SOCIAL

2.1 Introdução

O presente capítulo objetiva fazer um breve histórico dos relatórios que expressam o exercício da responsabilidade social corporativa perante a sociedade em geral, como também, sobre a riqueza gerada pelo país e o crescente aumento da carga tributária, no período analisado.

Serão apresentadas as características de cada instrumento e sua importância, passando pelos aspectos legais e econômicos, iniciando pela demonstração mais emblemática da evidenciação da responsabilidade social das organizações, com ênfase no Balanço Social, do qual se depreendem novas possibilidades de utilização dos meios oriundos da contabilidade para a compreensão das relações existentes entre empresas e sociedades, por sua vez, embasadas principalmente na Demonstração do Valor Adicionado, vez que a partir dela, informa-se a riqueza gerada e como deve a mesma ser distribuída em cada empresa.

2.2 Evolução Histórica

A origem desse demonstrativo segundo Dantas (2011), deu-se nas décadas de 60 e 70 nos Estados Unidos da América e na Europa, quando as populações se organizaram e mobilizaram-se no intuito de boicotar produtos de empresas que apoiavam o conflito da guerra do Vietnã. As pressões foram intensas de todas as classes da sociedade, que cobravam dessas entidades, ética e transparência em suas condutas.

A partir daí os empresários com intuito de recuperar a credibilidade de sua imagem na percepção da população, criaram ações sociais e ao mesmo tempo passaram a fazer prestações de contas com o objetivo de mostrar o que fizeram para o bem-estar social da sociedade. Diante desses acontecimentos, passaram a elaborar e divulgar anualmente relatórios com informações específicas evidenciando as realizações e resultados das propostas dessas ações, hoje amplamente configuradas na demonstração conhecida como Balanço Social.

De acordo com Gonçalves (1980, p. 49),

> A busca de um elemento básico na existência do homem moderno, representado pela qualidade de vida, estimulou em todos os centros acadêmicos e empresariais mais evoluídos o interesse por instrumentos de aferição do desempenho da empresa nesse campo de atividade. Nasceu ai a preocupação com elementos novos na vida da empresa e em seu âmbito administrativos traduzidos por denominações igualmente novas, como balanço social e indicadores sociais.

Conforme Ribeiro (2010), o marco dessa nova ordem informacional ocorreu na França em 1972, quando a empresa Singer, apresentou o primeiro Balanço Social da história, com a própria França sendo o primeiro país a adotar tal procedimento ao promulgar a Lei nº 77.769 de 12 de junho de 1977, no governo do Presidente Valéry Giscard d'Estaing, obrigando as empresas francesas a elaborar o Balanço Social.

Segundo Tinoco (2001, p. 42),

> O Balanço Social surgiu incialmente na França, relevando informações, exclusivamente, dos recursos humanos, que trabalhavam nas organizações. Esta forma de evidenciação, que tinha como público alvo o público interno, ou seja, o pessoal objetivava, por um lado, avaliar alguns aspectos sobre a atividade desenvolvida pela organização no âmbito social em benefício de seus colaboradores e, por outro lado, servir de base a um esforço de concentração e mentalização de não divulgar, unicamente, os resultados econômicos e financeiros da entidade, mas também sua eficácia social.

Nesse sentido, para Ribeiro (2010), no Brasil a ideia dessa demonstração começou a tornar-se realidade no fim da década 1970, quando foram dados os primeiros passos para as discussões sobre a ação social das empresas e a formalização do relatório.

Em termos conceituais, Freire e Rebouças (2001, p. 69), entendem que o Balanço Social:

> Pode ser considerado como uma demonstração técnico gerencial que engloba um conjunto de informações so-

> ciais da empresa, permitindo que os agentes econômicos visualizem suas ações em programas sociais para os empregados (salários e benefícios), entidades de classe (associações, sindicatos), governo (impostos) e cidadania (parques, praças, meio ambiente etc.).

Destarte, no Brasil, em 1974, Associação dos Dirigentes Cristãos de Empresas – ADCE publicou o decálogo do Empresário Cristão, em que os seus princípios embasavam-se no fato da empresa possuir função social, que se materializa por meio da promoção de seus trabalhadores e da comunidade local.

Entretanto, como terreno político no Brasil estava em plena ditadura militar e passava por momentos desfavoráveis, nada propícios a debates de qualquer ordem ou natureza, a efetivação dessas ações foi sendo constantemente postergada. Em virtude desse momento político, havia rejeição e medo do setor empresarial, no patrocínio de qualquer tipo de alteração no "status quo" vigente.

Na década de 80, após o término do regime militar foi criada a Fundação Instituto de Desenvolvimento Empresarial e Social (Fides) e por seu intermédio foi elaborado um modelo de balanço social, que só veio a prosperar, timidamente, na década de 90, quando umas poucas empresas passaram a acreditar no modelo e a levar a sério a sua respectiva divulgação.

De acordo com Lima (2001), o primeiro balanço social elaborado de forma oficial no Brasil foi da empresa baiana Nitrofértil, em 1984, sendo publicado pelo primeiro órgão não governamental, o Instituto Brasileiro de Análises Sociais e Econômicas (IBASE), presidida pelo então sociólogo Herbert de Souza, o Betinho.

Neste mesmo período, Betinho lançou uma campanha pela divulgação voluntária do balanço social e idealizou um modelo simplificado para ações das empresas, alavancando maior interesse do meio empresarial (IBASE, 2011).

De Luca (1998, p. 25) retrata a importância do sociólogo Herbert de Souza, o Betinho, na campanha do balanço social e menciona:

> [...] levantou a bandeira do Balanço Social e lançou uma campanha nacional para sua publicação, divulgando assim, amplamente, a ideia do Balanço Social e promovendo grande debate entre as associações de empresas e empresários.

O Comitê de Divulgação do Mercado de Capitais - Codimec, em 1986, lança o "Balanço Social do Mercado de Capitais". Em 1991, é publicada a primeira Demonstração do Valor Adicionado, seguida em 1992, da publicação da extinta Companhia Metropolitana de Transportes Coletivos e em 1993, da publicação da Febraban, primeira no setor bancário.

O Balanço Social só foi consolidado com sucesso a partir de março de 1997, quando o Betinho escreveu o artigo "Empresa pública e cidadã", abrindo amplamente os debates nos principais jornais do país, de acordo com o IBASE (2011), resgatando a figura do Balanço Social. Foi lançado, naquela época um modelo que de forma gradativa foi sendo aceito, utilizado e aprimorado pelas empresas brasileiras.

Para Santos (1999, p. 34):

> O Balanco Social é um instrumento de informação. Servirá tanto para os trabalhadores e a sociedade como para os dirigentes das empresas na mensuração de suas próprias atividades. Ainda estimulará o controle da sociedade sobre o uso dos incentivos fiscais e ajudará na identificação de politicas de recursos humanos.

Apesar de todos os esforços de Betinho, e do Projeto de Lei nº 3.116/97 de autorias das deputadas Marta Suplicy, Maria Conceição Tavares e Sandra Starling, que não obtiveram sucesso na regulamentação das normas, devido à falta de consistência e de robustez política. O balanço social, mesmo não sendo obrigatório, é elaborado anualmente pelas entidades visando à prestação de contas das ações sociais e ambientais.

Segundo Tinoco (2001, p. 14):

> Balanço social é um instrumento de gestão e de informação que visa evidenciar, da forma mais transparente possível, informações econômicas e sociais, do desempenho das entidades, aos mais diferenciados usuários, entre estes os funcionários. Em 1.999, foi apresentado pelo Deputado Paulo Rocha o Projeto de Lei nº 32, em substituição ao de nº 3.116/1997, com base no modelo francês, que desde 1977, já vinha sendo divulgado no Brasil pela ADCE.

Os principais marcos históricos da evolução do Balanço Social podem ser vistos na linha do tempo a seguir:

Figura 1 – Linha do tempo

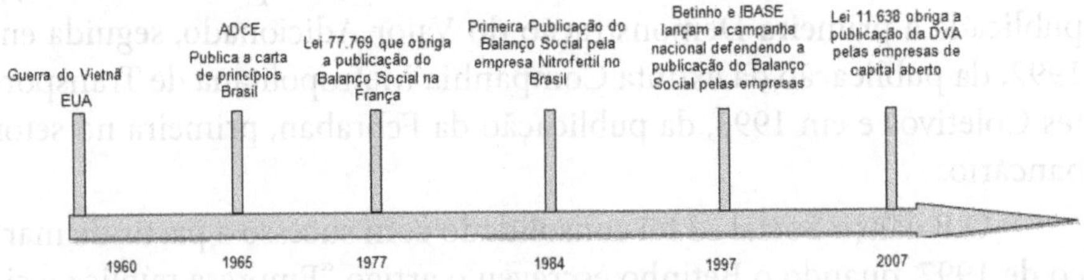

Fonte: Adaptado do Instituto Ethos (2008).

2.3 Balanço Social

É um demonstrativo que tem por objetivo informar a realidade social e econômica de uma entidade. Estas informações devem ser claras e objetivas, visando alcançar os seus *stakeholders*: os colaboradores, os seus acionistas, governo, clientes, fornecedores, meio ambiente e os diversos núcleos que têm uma relação estreita com a empresa e a sociedade, para que os mesmos possam examinar, avaliar e até mesmo criticar os resultados encontrados no relatório (ALMEIDA; SILVA, 2014).

Conforme FIPECAFI (2018), o balanço social é usado como um instrumento importante para divulgação das empresas, principalmente em projetos ambientais, tendo como responsabilidade e finalidade de desenvolver projetos para recursos naturais renováveis ao meio ambiente. Além disso, o demonstrativo em epígrafe é utilizado para reparar danos que por ventura elas tenham cometido visando atingir maior visibilidade junto à sociedade para valorização e em alguns casos até mesmo à recuperação da marca da empresa.

Em relação ao conjunto de relatórios que integram o Balanço Social vale citar, que este possui quatro vertentes: Recursos Humanos, Benefícios e Contribuições à Sociedade em geral, Demonstração do Valor Adicionado e Ambiental, sobretudo a que está em maior evidência é a Demonstração do Valor Adicionado, conforme figura 2.

Figura 2 – Balanço Social amplo

COMPONENTES DO BALANÇO SOCIAL AMPLO			
BALANÇO SOCIAL			
RECURSOS HUMANOS (BALANÇO SOCIAL RESTRITO)	RESPONSABILIDADE SOCIAL	DEMONSTRAÇÃO DO VALOR ADICIONADO (DVA)	MEIO AMBIENTE

Fonte: Adaptado de Tinoco (2001, p. 43).

O Balanço Social tem um importante papel para sociedade na divulgação das ações socioambientais e econômicas, realizadas no curso do exercício vigente.

Cabe registrar também que o CFC (Conselho Federal de Contabilidade) regulamentou o assunto através da NBC T 15 – Informações de Natureza Social e Ambiental, contemplando as seguintes informações:

a) A geração e distribuição de riqueza;

b) Recursos Humanos;

c) A interação da entidade com ambiente externo;

d) A interação com o meio ambiente.

2.4 Demonstração do Valor Adicionado

É uma demonstração contábil que tem por objetivo evidenciar a riqueza criada pela entidade e sua distribuição em um determinado período, sob a ótica do regime de competência, que tem como principal fonte de informações a demonstração do resultado do exercício. Além disso, deverá demonstrar como ocorreu a distribuição de riqueza entre os agentes econômicos que são: empregados, governos, agentes financiadores e acionistas.

Surgida na década de 70 na Europa, a DVA, com forte influência da França e largamente utilizada em países como Inglaterra e Alemanha, com objetivo de estabelecer um elo com seus empregados, a fim de obter uma melhor produtividade (ATHAR, 1999).

De acordo com Moraes e Tinoco (2008), no Brasil, sua trajetória iniciou-se com a publicação da DVA na revista brasileira de contabilidade pelo professor pesquisador Alberto Almada Rodrigues em 1981, e posteriormente, outros pesquisadores abordaram o tema como a Professora e pesquisadora Márcia Martins Mendes De Luca, em 1991. Os mais recentemente foram os pesquisadores como Kroetz (2000), Cunha, Ribeiro e Santos (2005), Mazzioni (2005), Miashiro (2007) empreenderam trabalhos abordando esse tema.

Nesse sentido, Ribeiro e Lisboa (1999, p. 12) discorrem que:

> A análise da distribuição do valor adicionado identifica a contribuição da empresa para a sociedade e aos setores por ela priorizados. Este tipo de informação serve para avaliar a performance da empresa no seu contexto local, sua participação no desenvolvimento regional e estimular ou não a continuidade de subsídios e incentivos governamentais. E, em contexto maior pode servir de parâmetro para definição do comportamento de suas congêneres.

Nos dias atuais, a DVA ocupa uma importância maior, no conjunto das demonstrações contábeis, pois evidencia o quanto a empresa agregou de valor e como ela distribuiu a riqueza entre aqueles que participaram na produção ou serviço, dessa geração de valor, tornando a informação útil e acessível não só para os gestores como para sociedade. Nos próximos capítulos, abordaremos com maior riqueza de detalhes este importante demonstrativo.

Após a conclusão da fundamentação dos fatos, a próxima etapa é aprimorar os conhecimentos através dos exercícios.

2.5 Questões de Prova

A próxima etapa de entendimento constitui-se de exercícios a partir de questões de concursos públicos

01. (TJPI - Analista Judiciário - Contador - FGV - 2015) - Quanto à demonstração do Valor Adicionado, é correto afirmar que:

a) trata-se de um conjunto de informações divulgado pela companhia com o objetivo de demonstrar o resultado da interação da empresa com o meio em que está inserida;

b) tem por objetivo evidenciar o valor da riqueza econômica gerada pelas atividades da empresa como resultante de um esforço coletivo e sua distribuição entre os elementos que contribuíram para a sua criação;

c) tem por finalidade apresentar as alterações ocorridas no patrimônio líquido da entidade;

d) apresenta todas as demais receitas e despesas que afetam o patrimônio líquido, mas não afetam o resultado do período;

e) evidencia as transformações no caixa e equivalentes de caixa.

02. (IF-MT - Contabilidade - 2014) – De acordo com o Comitê de Pronunciamentos Contábeis (CPC), o Valor Adicionado a representa os valores reconhecidos na Contabilidade a esse título pelo regime de competência e incluídos na Demonstração do Resultado do período:

a) Representa os valores reconhecidos na Contabilidade a esse título pelo regime de competência e incluídos na Demonstração do Resultado do período.

b) São valores reconhecidos no período e normalmente utilizados para conciliação entre o fluxo de caixa das atividades operacionais e o Resultado Líquido do Exercício.

c) Representa os valores relativos às aquisições de matérias-primas, mercadorias, materiais, energia, serviços etc. que tenham sido transformados em despesas do período.

d) É medido pela diferença entre o valor das vendas e os insumos adquiridos de terceiros, incluindo-se neste o valor adicionado recebido em transferência, ou seja, produzido por terceiros e transferido à entidade.

03. (CPRM - Analista em Geociências - Contabilidade - CESPE - 2013) – Acerca do balanço patrimonial (BP), da demonstração do resultado do exercício (DRE) e da demonstração do valor adicionado (DVA), julgue os próximos itens.

A elaboração da DVA utiliza informações contábeis com base nos princípios de contabilidade e no regime de caixa.

( ) Certo

( ) Errado

04. (SEFAZ-SP - Agente Fiscal de Rendas - Gestão Tributária - FCC - 2013) – A Demonstração do Valor Adicionado (DVA) deve evidenciar a distribuição da riqueza gerada pela entidade. Os principais componentes dessa distribuição a serem evidenciados são:

a) Pessoal, Impostos, taxas e contribuições, Insumos adquiridos de terceiros;

b) Impostos, taxas e contribuições, Remuneração de capitais próprios e de terceiros, Valor Adicionado recebido em transferência;

c) Pessoal, Impostos, taxas e contribuições, Remuneração de capitais próprios, Remuneração de capitais de terceiros;

d) Pessoal, Remuneração de capitais de terceiros, Remuneração dos sócios, Receita financeira;

e) Pessoal, Impostos, taxas e contribuições, Remuneração de capitais próprios e de terceiros, Valor Adicionado recebido em transferência.

05. (TJ-AC - Analista Judiciário - Contador - CESPE - 2012) – O valor adicionado líquido é distribuído em até quatro grandes categorias: pessoal, governo (impostos, taxas e contribuições), remuneração de capitais de terceiros e dividendos distribuídos.

( ) Certo

( ) Errado

06. (MPE-PI – Analista Ministerial – Controle Interno – CESPE – 2012) – A demonstração do valor adicionado evidencia a criação de valor pela empresa e sua distribuição equânime entre os agentes econômicos que contribuíram nesse processo.

( ) Certo

( ) Errado

07. (Petrobras – Contador Júnior – CESGRANRIO – 2011) – A demonstração contábil que tem por objetivo evidenciar o valor da riqueza econômica gerada pelas atividades da empresa como resultante de um esforço coletivo e sua distribuição entre os elementos que contribuíram para sua criação é a demonstração denominada:

a) balanço patrimonial;

b) balanço social;

c) lucros ou prejuízos acumulados;

d) resultado do exercício;

e) valor adicionado.

Capítulo 3

ASPECTOS DA DVA

3.1 Introdução

As demonstrações contábeis representam de forma clara e concisa a posição patrimonial, financeira da entidade, assim como o seu desempenho econômico-financeiro. Além disso, esses conjuntos de informações contábeis também evidenciarão as riquezas geradas e distribuídas através da Demonstração de Valor Adicionado em um determinado período.

3.2 Aspectos Legais

Em 28 de dezembro de 2007, foi promulgada a Lei 11.638 que criou e introduziu a DVA, além de alterar e revogar os dispositivos da Lei 6.404/76 (Lei das Sociedades por Ações). Esta alteração da legislação societária, proposta pelo Projeto de Lei 3.741/00, veio com o objetivo de harmonizar as normas contábeis com as Normas Internacionais de Contabilidade, emitidas pelo International Accounting Standards Board - IASB. Fazem parte desta harmonização todas as normas contábeis emitidas pela Comissão de Valores Mobiliários - CVM que tem o objetivo de emitir normas para as companhias abertas de acordo com os padrões internacionais.

A nova legislação trouxe mudanças marcantes, sendo uma delas prevista no § 5º do Art. 177 da Lei 6.404/76, que determina que as normas expedidas pela Comissão de Valores Mobiliários (CVM) deverão ser elaboradas de acordo com os padrões internacionais de contabilidade.

Essa determinação trazida pela Lei 11.638/07, já havia sido antecipada pela CVM, que tem um papel muito importante de regular e fiscalizar o mercado de valores mobiliário, com objetivo de promover a expansão e o pleno funcionamento eficiente e regular do mercado de ações. Doravante, a DVA passou a ser obrigatória no Brasil no final de

2007, de acordo com a legislação anteriormente citada com o adendo das orientações da CVM.

Portanto, a partir de 2008, as empresas de capital aberto, no Brasil, passaram a ser obrigadas a elaborar a DVA, seguindo o modelo padrão, especificado no Pronunciamento Técnico CPC nº 09, Demonstração do Valor Adicionado, de forma comparativa do exercício social atual com o anterior, conforme demonstrado na tabela 1, em conjunto com as outras demonstrações contábeis, ampliando, dessa forma, as informações socioeconômicas disponibilizadas por os usuários interessados, permitindo-lhes fazer avaliações mais adequadas e pertinentes a uma tomada de decisão com o menor risco possível.

Esta demonstração torna transparente o montante de riqueza que a companhia gerou no desenvolvimento de seus negócios, na área industrial, comercial ou de serviços e a forma como essa mesma riqueza foi distribuída à sociedade, pela remuneração dos agentes que contribuíram para a sua formação.

Os dados para a elaboração da DVA são extraídos em grande parte da Demonstração do Resultado do Exercício (DRE), mas isso em nada impede que elas apresentem diferenças fundamentais no direcionamento e agrupamento dessas informações. Na DRE, a preocupação está nos sócios, sendo dada ênfase à evidenciação do resultado econômico (lucro / prejuízo), enquanto a DVA visa à responsabilidade social, mostrando como a empresa produziu e distribuiu a riqueza de um exercício social. Em outras palavras, valendo-se de Iudícibus (2009), como as entidades estão contribuindo com a sociedade. É importante destacar que a criação de riqueza é o fundamento básico da DVA, está amplamente configurada nos dizeres do Pronunciamento Técnico CPC 09, do Comitê de Pronunciamentos Contábeis (2008), a seguir transcrito:

> Valor Adicionado representa a riqueza criada pela empresa, de forma geral medida pela diferença entre o valor das vendas e os insumos adquiridos de terceiros. Inclui também o valor adicionado recebido em transferência, ou seja, produzido por terceiros e transferido à entidade.

3.3 Aspectos Econômicos

No panorama econômico, De Luca (1998, p. 32), cita que "o valor adicionado é utilizado para a avaliação do chamado Produto Nacional".

Cabe aqui, portanto, por tempestivo e pertinente apresentar o conceito de Produto Nacional, que no enfoque de Rossetti (1995, p. 518) "é a medida em unidade monetárias, do fluxo total de bens e serviços finais produzidos pelo sistema econômico em determinado período".

Voltando-se a De Luca (1998, p. 28), para conceituar a DVA depreende-se que ela "é um conjunto de informações de natureza econômica e uma peça contábil que demonstra o valor da riqueza gerada e distribuída pela empresa para os elementos que contribuíram para sua geração".

Já Kroetz (2000, p. 42) vai mais além e estabelece um paralelo do conceito de valor adicionado com aquele utilizado pelo segmento econômico, ao afirmar:

> Por meio da Demonstração do Valor Agregado é possível perceber a contribuição econômica da entidade para cada segmento com o qual ela se relaciona, constituindo-se no Produto Interno Bruto (PIB), produzido pela organização. Ou seja, a demonstração do valor adicionado evidencia a riqueza que foi gerada, individualmente, por uma entidade.

E ainda neste contexto, Santos e Lustosa (1998, p. 4) avaliam:

> A distribuição do valor adicionado equivale ao conceito macroeconômico de Renda Nacional. A transformação de recursos intermediários em produtos e serviços finais só é possível pelo emprego dos fatores de produção (trabalho, capital, governo, empresa). Em termos gerais a remuneração destes fatores (salário, juro, aluguel, imposto e lucro) pelas empresas constitui a renda em poder da sociedade, que retorna às empresas tanto na aquisição de seus produtos e serviços como sob a forma de novos financiamentos, reiniciando o ciclo econômico.

Portanto, compreende-se que o desenvolvimento econômico de uma nação está relacionado com a sua capacidade de geração de riqueza. Logo, o conceito do valor adicionado é visto como uma medida de criação de valor e demonstra o esforço produtivo dispendido pelo país.

A DVA também tem finalidades macroeconômicas, uma vez que a soma da riqueza criada pelas empresas (valor adicionado) reproduz o quanto cada uma contribuiu com o Produto Interno Bruto (PIB) do país (FIPECAFI, 2018).

Neste contexto, o PIB apresenta duas condições de medição distintas, uma relacionada à economia e outra à contabilidade, sendo que para a economia o PIB é medido pela soma de bens e serviços produzidos, enquanto na contabilidade esta medição é feita pela soma de bens e serviços vendidos, pois como já mencionado, atende a um dos pressupostos básicos o regime de competência (FIPECAFI, 2018).

Considerando os aspectos que estreitam o entendimento conceitual entre DVA e o PIB, é importante fazer um breve detalhamento técnico do PIB para melhor compreender sua relação existente entre ele e a DVA.

3.4 Impacto da Riqueza Gerada no PIB do Brasil

Para o Instituto de Pesquisa Econômica Aplicada (IPEA, 2011), o PIB consiste na soma dos valores adicionados por todas as atividades econômicas, isto é, de tudo que é produzido, entre mercadorias e serviços, e suas variações, durante o processo produtivo em um determinado período, indicando o ritmo de crescimento econômico.

Segundo Simonsen (1975; p. 83), o valor adicionado para o cálculo da riqueza produzida pelo país, é:

> [...] a diferença entre o valor bruto da produção e os consumos intermediários nessa etapa. Assim, o produto nacional pode ser concebido como a soma dos valores adicionados em determinado período de tempo, em todas as etapas do processo de produção do país.

O cálculo e a divulgação do PIB nacional são realizados pelo Instituto Brasileiro de Geografia e Estatística (IBGE) desde 1987. Antes disso, a Fundação Getúlio Vargas (FGV) era a instituição responsável pela mensuração do indicador, de acordo com IBGE (2008).

3.5 Carga Tributária

Como base nos dados divulgados pelo IBGE em 2019 e tomando por base o período analisado nesta obra, neste item apresentaremos a análise da relação da carga tributária com o PIB.

De acordo com Afonso e Meireles (2006), a carga tributária é um indicador que expressa quanto o Governo arrecada da economia do país através de impostos, taxas, contribuições e títulos assemelhados recolhidos durante o período.

Já a Receita Federal (2007, p. 5), discorre que:

> O conceito da carga tributária utilizado é amplo e procura incluir todas as receitas às quais se possa atribuir a natureza econômica de tributo. Este conceito abriga, entre outros, os impostos, as taxas, as contribuições sociais e as contribuições de intervenção no domínio econômico e de interesse de categorias.

Neste contexto, apreciaremos a evolução da carga tributária pelos entes governamentais (Federal, Estaduais e Municipais), a partir das informações obtidas nos sítios do IBGE, RFB e Tesouro Nacional evidenciada na tabela 1 que apreciou os períodos de 2008 a 2019.

Tabela 1 – Carga Tributária brasileira no período de 2008 a 2019

R$ MILHÕES

ANO	PIB	TRIBUTOS			TOTAL DA ARRECADAÇÃO	CARGA TRIBUTÁRIA/ PIB
		FEDERAIS	ESTADUAL	MUNICIPAL		
2008	2.889.700	720.134	266.731	47.531	1.034.396	35,80%
2009	3.143.000	737.005	270.046	48.356	1.055.407	33,58%
2010	3.675.000	862.276	311.197	60.018	1.233.491	33,56%
2011	4.143.000	1.024.711	357.507	80.735	1.462.952	35,31%
2012	4.402.500	1.087.226	396.236	91.130	1.574.592	35,77%
2013	4.844.815	1.200.337	440.401	100.920	1.741.658	35,95%
2014	5.521.300	1.265.056	468.319	114.364	1.847.740	33,47%
2015	5.904.300	1.316.191	489.103	122.889	1.928.183	32,66%
2016	6.266.900	1.383.759	514.841	128.415	2.027.014	32,34%
2017	6.559.900	1.447.106	547.074	133.190	2.127.370	32,43%
2018	6.827.600	1.547.471	590.680	154.664	2.292.815	33,58%
2019	7.256.900	1.613.670	629.125	164.531	2.407.326	33,17%

Fonte: Sites do IBGE, RFB e TESOURO NACIONAL

De acordo com a tabela 1, a carga tributária em 2008, representava 35,80% do PIB, já em 2019 passou para 33,17%, comprovando uma redução de aproximadamente 2,63% na arrecadação dos entes federativos, conforme dados obtidos nos sítios do IBGE, RFB e TESOURO NACIONAL, 2019.

A carga tributária dos países emergentes foi divulgada pela Organização de Cooperação para o Desenvolvimento Econômico (OCDE), em forma de gráfico, que é possível comparar as economias dos países, conforme figura 3 a seguir.

Figura 3 – Carga Tributária no Brasil e em países da OCDE no período de 2017

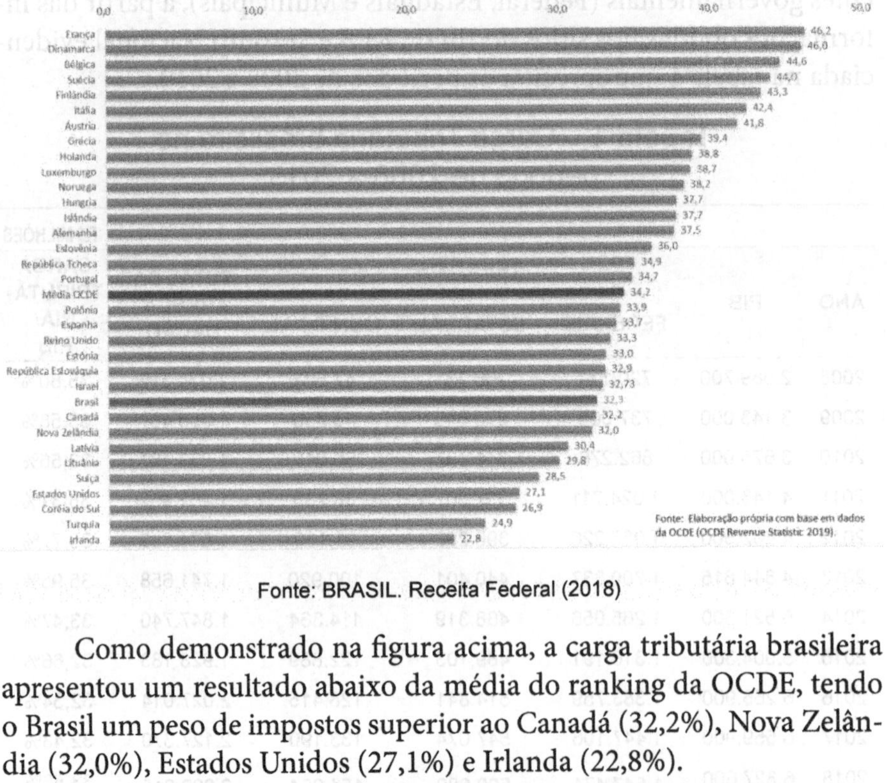

Fonte: BRASIL. Receita Federal (2018)

Como demonstrado na figura acima, a carga tributária brasileira apresentou um resultado abaixo da média do ranking da OCDE, tendo o Brasil um peso de impostos superior ao Canadá (32,2%), Nova Zelândia (32,0%), Estados Unidos (27,1%) e Irlanda (22,8%).

Entre os BRICS, grupo composto por Brasil, Rússia, Índia, China e África do Sul, segundo levantamento feito pelo Instituto Brasileiro de Planejamento Tributário em 2017, o peso dos impostos é de 23% do PIB na Rússia, 20% na China, 13% na Índia e 18% na África do Sul.

Já em 2018, foi realizado um levantamento pelo Instituto Brasileiro de Planejamento Tributário, em que cerca de 50% da arrecadação no Brasil constituiu-se de impostos indiretos, enquanto a média da OCDE foi de 30%. Essa anomalia acontece basicamente em função do descompasso entre a altíssima carga tributária brasileira e o baixo nível de renda dos seus cidadãos, impedindo que a receita tributária concentre-se mais na renda, como na maioria dos países com cargas tributárias elevadas.

Cabe ressaltar que até o término desta obra não ocorreram novas atualizações do ranking da OCDE.

Logo, foi possível observar durante a escrita deste capítulo que a elaboração dos relatórios socioambientais (BS e DVA), são instrumentos de informação que auxiliam a sociedade na identificação, mensuração e controle dos recursos captados pelas empresas e sua utilização em prol da coletividade.

Ainda, a DVA destacou-se como o relatório bastante útil e capaz de demonstrar os somatórios dos valores adicionados de um país, isto é, total da riqueza gerada, bem como identificação da distribuição dessas riquezas para cada agente econômico.

Esta obra traz um estudo sobre a distribuição de riqueza das maiores empresas de energia do país, haja vista, que neste período as empresas analisadas geraram uma riqueza evidenciada nos demonstrativos contábeis de aproximadamente R$ 3,6 trilhões, conforme descrito na tabela 7, o que demonstra a necessidade da sociedade em ter conhecimento dessas riquezas e as devidas destinações desses recursos com ações concretas em prol da sociedade.

Após fundamentação dos fatos, no próximo capítulo evidenciaremos o modelo da DVA, explicando cada item que compõe o demonstrativo e exercícios que facilitarão a aplicação dos conceitos do assunto abordado de forma didática no processo de aprendizagem.

3.6 Questões de Prova

A próxima etapa de entendimento é exercitarmos questões de concursos públicos.

01. (CESPE- CG-CE - Auditor de Controle Interno - Governamental - 2019) À luz da Lei nº 6.404/76, assinale a opção correta.

a) A elaboração da demonstração financeira do resultado abrangente é obrigatória para as sociedades por ações de capital aberto.

b) A elaboração da demonstração financeira dos lucros ou prejuízos acumulados é facultativa para as sociedades por ações de capital fechado.

c) A elaboração da demonstração financeira dos fluxos de caixa é facultativa para as sociedades por ações de capital fechado ou aberto.

d) A elaboração da demonstração financeira do valor adicionado é obrigatória para as sociedades por ações de capital aberto.

e) A elaboração das demonstrações financeiras consolidadas é obrigatória para as sociedades por ações de capital aberto ou fechado.

02. (IESES - Analista Contábil - MSGás - 2015) - A Resolução do CFC 1.138/08 estabelece que a Demonstração do Valor Adicionado, representa um dos elementos componentes do Balanço Social e tem por finalidade evidenciar a riqueza criada pela entidade e sua distribuição, durante determinado período. Analise as sentenças e assinale a alternativa correta.

I. A entidade, sob a forma jurídica de sociedade por ações, com capital aberto, e outras entidades que a lei assim estabelecer, devem elaborar a DVA e apresentá-la como parte das demonstrações contábeis divulgadas ao final de cada exercício social. É recomendada, entretanto, a sua elaboração por todas as entidades que divulgam demonstrações contábeis.

II. A DVA deve proporcionar aos usuários das demonstrações contábeis informações relativas à riqueza criada pela entidade em determinado período e a forma como tais riquezas foram distribuídas.

III. A distribuição da riqueza criada deve ser detalhada, minimamente, da seguinte forma: pessoal e encargos; impostos, taxas e contribuições; e lucros retidos/prejuízos do exercício.

IV. A DVA está fundamentada em conceitos macroeconômicos, buscando apresentar, eliminados os valores que representam dupla-contagem, a parcela de contribuição que a entidade tem na formação do Produto Interno Bruto (PIB). Essa demonstração apresenta o quanto a entidade agrega de valor aos insumos adquiridos de terceiros e que são vendidos ou consumidos durante determinado período.

Assinale a alternativa correta:

a) Apenas as sentenças I e II estão corretas.

b) Apenas as sentenças I, III e IV estão corretas.

c) Todas as sentenças estão corretas.

d) Apenas as sentenças I, II e IV estão corretas.

03. (INSTITUTO AOCP - Analista Administrativo - Contabilidade - UFSM - 2014) - Analise as assertivas e assinale a alternativa que apresenta corretamente apenas as demonstrações contábeis exigidas pela Lei 6.404/1976.

I. Balanço Patrimonial.

II. Demonstração do Resultado do Exercício.

III. Demonstração do Resultado do Período.

IV. Demonstração do Resultado Abrangente (se companhia a aberta).

V. Demonstração das Mutações do Patrimônio Líquido.

VI. Demonstração do Valor Adicionado (se companhia a aberta).

a) Apenas I, III e VI.

b) Apenas I, II e IV

c) Apenas I, IV e V

d) Apenas I, III e IV

e) Apenas I, II e VI.

04. (INSTITUTO AOCP - Analista Administrativo - Contabilidade - UFGD - 2014) Sobre a Demonstração do Valor Adicionado (DVA), analise as assertivas e assinale a alternativa que aponta a(s) correta(s).

I. A DVA é obrigatória no Brasil apenas para as sociedades por ações de capital aberto.

II. O valor adicionado é a diferença entre a receita gerada e os insumos utilizados para produzir esta receita.

III. Os insumos são: salários, honorários, benefícios, juros passivos, aluguéis passivos.

IV. As normas determinam que a DVA apresente a distribuição do valor adicionado para apenas três grupos de pessoas: terceiros, governo e sócios.

V. Uma sociedade com Patrimônio Líquido menor que R$ 2.000.000 na data de elaboração do balanço está desobrigada a elaborar e publicar a DVA.

VI. A receita bruta da DVA é o valor que a empresa fatura incluindo todos os impostos de venda, deduzindo as devoluções, os abatimentos,

Perda Estimada para Crédito Liquidação Duvidosa (PECLD) e perdas de capital, somando a eventual reversão de PECLD e ganhos de capital.

a) Apenas I, II e III

b) Apenas II, III e IV.

c) Apenas I, II e VI.

d) Apenas II, III e V.

e) Apenas I, III e VI.

05. (TJ-RO – Analista Judiciário – Contabilidade – CESPE – 2012) – A respeito da demonstração do valor adicionado (DVA), de acordo com a legislação societária e os pronunciamentos do CPC, assinale a opção correta.

a) Na elaboração da DVA, que deve levar em conta o pronunciamento conceitual básico do CPC, a grande maioria dos dados é obtida principalmente a partir do balanço patrimonial.

b) A distribuição da riqueza criada deve ser detalhada, no mínimo, em pessoa e encargos; impostos, taxas e contribuições; e distribuição dos resultados.

c) A DVA, embora não esteja fundamentada em conceitos macroeconômicos, busca apresentar a parcela de contribuição que a entidade tem na formação do produto interno bruto (PIB).

d) A DVA – um dos elementos componentes do balanço social – tem por finalidade evidenciar a riqueza criada pela entidade, e a distribuição dessa riqueza, durante determinado período.

e) A DVA tem por objetivo apresentar o valor da riqueza econômica gerada pela empresa como resultante do esforço individual e a distribuição dessa riqueza entre os demais elementos que compõem a demonstração.

06. (TCE-SE – Técnico de Controle Externo – FCC – 2011) – A partir de 1º de janeiro de 2008, tornou-se obrigatória, para as companhias abertas, a elaboração da Demonstração:

a) do Valor Adicionado.

b) das Variações Patrimoniais.

c) de Origens e Aplicações de Recursos.

d) do Resultado do Exercício.

e) de Lucros e Prejuízos Acumulados.

07. (BNDES - Profissional Básico - Contabilidade - CESGRANRIO - 2011) - A elaboração e divulgação da demonstração do valor adicionado (DVA), para atender aos requisitos estabelecidos no Pronunciamento Técnico CPC 09 e na legislação societária, entre outros aspectos relevantes, deverá:

a) conter a variação ocorrida no capital circulante líquido.

b) ser elaborada como base no princípio contábil da competência.

c) ser elaborada com base no princípio contábil da atualização monetária.

d) permitir o cálculo do Produto Interno Bruto do segmento onde atua a empresa.

e) analisar os efeitos do valor econômico agregado sobre a liquidez da empresa.

08. (Transpetro - Contador Júnior - CESGRANRIO - 2011) - Nos termos da nova redação dada à Lei nº 76/6.404 pelas Leis nºs 07/11.638 e 09/11.941, uma das demonstrações indicará "o valor da riqueza gerada pela companhia e a sua distribuição entre os elementos que contribuíram para a geração dessa riqueza".

Este conceito está evidenciado na demonstração:

a) Valor Adicionado;

b) Resultado do Exercício;

c) Lucro ou os Prejuízos Acumulados;

d) Fluxos de Caixa;

e) Mutações do Patrimônio Líquido.

09. (FHS-SE- Analista Administrativo - Contabilidade - CESPE - 2009) – Para efeito de elaboração da demonstração do valor adicionado, é preciso levar em conta as diferenças entre os critérios da economia e da contabilidade, que se baseiam, respectivamente, na produção e na realização da receita. Quanto mais próximos forem os estoques iniciais e finais, maiores serão as diferenças entre os critérios econômico e contábil.

( ) Certo

( ) Errado

10. (Petrobras BR - Contador Júnior - CESG - 2010) - Segundo a definição legal, a DVA deverá refletir o valor da riqueza gerada pela companhia e a distribuição entre os elementos que contribuíram para a geração dessa riqueza. Quais os elementos que devem constar como beneficiários da distribuição da riqueza?

a) Empregados, fornecedores, autoridades, governo e outros, bem como a parcela da riqueza não distribuída

b) Empregados, financiadores, acionistas, governo e outros, bem como a parcela da riqueza não distribuída

c) Empregados, financiadores, fornecedores, autoridades, acionistas, governo e outros

d) Empregados, financiadores, fornecedores, autoridades, acionistas, governo e outros, bem como a parcela da riqueza não distribuída.

e) Fornecedores, autoridades, governo e outros, bem como a parcela da riqueza não distribuída.

11. (Quadrix - CRO - PR - Contador - 2016) Assim como as empresas que exploram atividades lucrativas, as entidades sem fins lucrativos precisam apresentar demonstrações contábeis que evidenciem os resultados e a evolução de suas atividades a cada exercício. Aponte a que não faz parte do grupo de demonstrações, exigidas das entidades sem fins lucrativos, de acordo com a determinação da NBC TE – Entidades sem Finalidade de Lucros do Conselho Federal de Contabilidade.

a) Demonstração das Mutações do Patrimônio Líquido.

b) Balanço Patrimonial.

c) Demonstração do Resultado do Exercício.

d) Demonstração dos Fluxos de Caixa.

e) Demonstração do Valor Adicionado.

12. (UFF - Técnico de Contabilidade - UFF - 2009) - Na Lei nº 11.638, verifica-se um tipo de informação contábil que evidencia o valor da riqueza gerada pela companhia, bem como a sua distribuição entre os elementos que contribuíram para a geração dessa riqueza. A referência é:

a) à apuração do resultado final;

b) ao rateio de receitas por fontes;

c) ao demonstrativo de geração;

d) à demonstração do valor adicionado;

e) à discriminação de fontes.

13. (CESGRANRIO - Transpetro - Administrador Júnior - 2018) O Comitê de Pronunciamentos Contábeis emitiu o pronunciamento técnico CPC 26 (R1), que define a base para a apresentação das demonstrações contábeis no Brasil. O pronunciamento estabelece requisitos gerais, diretrizes para a sua estrutura e os requisitos mínimos para seu conteúdo.

Como parte dessas bases e requisitos, o pronunciamento técnico define o conjunto completo de demonstrações contábeis, que inclui a demonstração

a) do valor adicionado e o balanço social;

b) do valor adicionado e as notas explicativas;

c) do resultado abrangente do período e o balanço social;

d) das mutações do patrimônio líquido do período e o balanço ambiental;

e) das origens e aplicações de recursos e as informações comparativas com o período anterior.

14. (UFMG - UFMG - Contador - 2019) Considere as afirmações sobre a demonstração do valor adicionado (DVA):

I. No momento da realização da reavaliação de um ativo ou da sua avaliação ao valor justo, deve-se incluir esse valor como "outras receitas" na DVA, bem como se reconhecem os respectivos tributos na linha própria de impostos, taxas e contribuições.

II. Os ajustes de exercícios anteriores, decorrentes de efeitos provocados por erro imputável a exercício anterior ou da mudança de critérios contábeis que vinham sendo utilizados pela entidade, devem ser adaptados na demonstração de valor adicionado relativa ao período mais antigo apresentado para fins de comparação, bem como os demais valores comparativos apresentados.

III. A construção de ativos dentro da própria empresa para seu próprio uso equivale à produção vendida para a própria empresa; sendo assim, seu valor contábil integral precisa ser considerado como receita e o gasto com mão de obra própria alocada é considerado como distribuição dessa riqueza criada. No entanto, esse mesmo tratamento não deve ser dado a eventuais juros ativados e tributos.

IV. Os dividendos que compõem a riqueza distribuída pela entidade não precisam se restringir exclusivamente à parcela relativa aos resultados do próprio período.

Segundo a resolução CFC nº 1.138/08, estão CORRETAS as afirmações:

a) II e III, apenas.

b) I, II e III, apenas.

c) I e II, apenas.

d) III e IV, apenas.

15. (COPEVE-UFAL - IF-AL - Técnico em Contabilidade - 2011) Não é uma demonstração contábil para o setor público:

A) Demonstração do Resultado Econômico.

B) Balanço Financeiro.

C) Demonstração do Valor Adicionado.

D) Balanço Patrimonial.

E) Demonstração dos Fluxos de Caixa.

16. (ABIN - Oficial Técnico de Inteligência - Área de Ciências Contábeis - CESPE - 2010) A elaboração da DVA está fundamentada nos princípios fundamentais de contabilidade, proporcionando aos usuários das demonstrações contábeis informações relativas à parcela de contribuição que a entidade tem na formação do produto interno bruto.

( ) Certo

( ) Errado

17. (FCC - TCE-SE - Técnico de Controle Externo - 2011) A partir de 1º de janeiro de 2008, tornou-se obrigatória, para as companhias abertas, a elaboração da Demonstração

A) do Valor Adicionado.

B) das Variações Patrimoniais.

C) de Origens e Aplicações de Recursos.

D) do Resultado do Exercício.

E) de Lucros e Prejuízos Acumulados.

18. (Colégio Pedro II - Contador - 2017) Em relação à Demonstração do Valor Adicionado (DVA), são feitas as seguintes afirmações:

I. A entidade, sob a forma jurídica de sociedade por ações, com capital aberto, ou não, deve elaborar a DVA e apresentá-la como parte das demonstrações contábeis divulgadas ao final de cada exercício social. É recomendada, entretanto, a sua elaboração por todas as entidades que divulgam demonstrações contábeis.

II. A demonstração em questão tem por objetivo apresentar, de forma ordenada e sintética, a riqueza gerada pela entidade em determinado período, bem como a sua distribuição.

III. O valor adicionado recebido em transferência representa a parte da riqueza da empresa que foi gerada por terceiros e enviada à empresa.

IV. As receitas financeiras, de equivalência patrimonial, de aluguel e royalties, devem ser consideradas como Valor Adicionado recebido em transferência, pois representam a riqueza que foi criada pela própria entidade e por terceiros.

V. A Lei nº 11.638/2007 tornou obrigatória a DVA para todas as companhias abertas.

VI. A distribuição da riqueza criada deve ser detalhada, minimamente, da seguinte forma: pessoal e encargos; impostos, taxas e contribuições; juros e aluguéis; juros sobre o capital próprio (JCP) e dividendos; lucros retidos/prejuízos do exercício.

a) I, II, III e V.

b) II, III, V e VI.

c) I, III, IV e VI.

d) I, II, V e IV.

19. (FGV - SEAD-AP - Auditor da Receita do Estado - Prova 2 - 2010) Uma das mudanças introduzidas pela legislação societária no Brasil foi a DVA (Demonstração do Valor Adicionado).

Com relação à DVA é correto afirmar que:

A) será obrigatória para as companhias abertas.

B) será facultativa para as companhias abertas.

C) será obrigatória para as companhias fechadas.

D) será obrigatória para as companhias cujo Patrimônio Líquido seja superior a R$300.000,00.

E) será obrigatória para as companhias cujo Patrimônio Líquido seja superior a R$240.000,00.

20. (IBFC - EBSERH - Analista Administrativo - 2020) – De acordo com a Norma Brasileira de Contabilidade Técnica Geral (NGBC TG 09) Demonstração do valor adicionado (DVA), em relação as características das informações da DVA, analise as alternativas abaixo e assinale a alternativa correta.

A) Para investidores e outros usuários, essa demonstração proporciona o conhecimento de informações de natureza econômica e social e oferece a possibilidade de melhor avaliação das atividades da entidade dentro da sociedade na qual está inserida;

B) A DVA elaborada por segmento, pode representar informações ainda mais valiosas no auxílio da formulação de predições e, enquanto houver uma norma específica sobre segmentos, sua divulgação não é incentivada;

C) Não existem diferenças temporais entre os modelos contábil e econômico no cálculo do valor adicionado;

D) A DVA apresenta o quanto a entidade não agrega de valor aos insumos adquiridos de terceiros e que são vendidos e consumidos durante determinado período;

E) Admitindo-se a existência de estoques inicial e final, os valores encontrados com a utilização de conceitos econômicos e contábeis serão convergentes.

21. (CEBRASPE - MPE-CE - Analista Ministerial - Ciências Contábeis - 2020) Com relação à elaboração de demonstrações contábeis de acordo com a legislação societária, os princípios fundamentais da contabilidade e os pronunciamentos contábeis do Comitê de Pronunciamentos Contábeis (CPC), julgue o próximo item.

O valor adicionado é definido como a riqueza criada por uma empresa, sendo geralmente medido pela diferença entre o valor das vendas e os insumos adquiridos de terceiros, incluindo-se, também, o valor adicionado recebido em transferência, ou seja, aquele produzido por terceiros e transferido à entidade.

( ) Certo

( ) Errado

Capítulo 4

Modelo da DVA

4.1. Introdução

Criada pelo artigo 1º da Lei nº 11.638/2007, a Demonstração do Valor Adicionado - DVA passou a vigorar em 01 de janeiro de 2008. Ela tem como requisitos a indicação, no mínimo:

a) Do valor da riqueza gerada pela companhia;

b) A sua distribuição entre os elementos que contribuíram para a geração dessa riqueza, tais como, empregados, financiadores, acionistas, governo e outros, como também, a parcela da riqueza não distribuída, conforme previsto no inciso V do art. 176 e art. 188 da Lei nº 6.404/76.

Conforme vislumbra-se através do supra exposto, tem-se que a entidade poderá acrescentar ou demonstrar outras informações da DVA, além das necessárias previstas no art. 1º da Lei nº 11.638/07, no caso de o montante e a natureza de um item ou do somatório de itens similares sejam tão relevantes, que a sua visualização em separado ajude na apresentação mais adequada da mesma.

Doravante, o Pronunciamento do CPC nº 9/2008, determinou que o modelo I é utilizado por empresas em geral, os demais modelos para atividades específicas, tais como: Instituições Financeiras Bancárias, Seguros e Previdências, deverão adotar os modelos II e III respectivamente, conforme citado no Pronunciamento. Cabe ressaltar, que neste livro será abordado apenas o modelo I, conforme tabela 2.

Tabela 2 – Demonstração do Valor Adicionado

(continua)

DESCRIÇÃO	Milhares de R$ 20X1	Milhares de R$ 20X0
1 – RECEITAS		
1.1) Vendas de mercadorias, produtos e serviços		
1.2). Outras receitas		
1.3). Receitas relativas à construção de ativos próprios		
1.4) Provisão para créditos de liquidação duvidosa – Reversão / (Constituição)		
2 – INSUMOS ADQUIRIDOS DE TERCEIROS		
2.1) Custos dos produtos, das mercadorias e dos serviços vendidos		
2.2) Materiais, energia, serviços de terceiros e outros		
2.3) Perda / Recuperação de valores ativos		
2.4) Outras (especificar)		
3 – VALOR ADICIONADO BRUTO (1-2)		
4 – DEPRECIAÇÃO, AMORTIZAÇÃO E EXAUSTÃO		
5 – VALOR ADICIONADO LÍQUIDO PRODUZIDO P/ENTIDADE (3-4)		
6 – VALOR ADICIONADO RECEBIDO EM TRANSFERÊNCIA		
6.1) Resultado de equivalência patrimonial		
6.2) Receitas financeiras		
6.3) Outras		
7 – VALOR ADICIONADO TOTAL A DISTRIBUIR (5+6)		

(conclusão)

8 - DISTRIBUIÇÃO DO VALOR ADICIONADO (*)
8.1) Pessoal
8.1.1 - Remuneração direta
8.1.2 - Benefícios
8.1.3 - FGTS
8.2) Impostos, taxas e contribuições
8.2.1 - Federais
8.2.2 - Estaduais
8.2.3 - Municipais
8.3) Remuneração de capitais de terceiros
8.3.1 - Juros
8.3.2 - Aluguéis
8.3.3 - Outras
8.4) Remuneração de Capitais Próprios
8.4.1 - Juros sobre o Capital Próprio
8.4.2 - Dividendos
8.4.3 - Lucros retidos / Prejuízo do exercício
8.4.4 - Participação dos não-controladores nos lucros retidos (só p/ consolidação)

Fonte: CPC 09 - APROVADO PELA DELIBERAÇÃO CVM Nº 557 (2008).

4.2 Critério de Classificação do Grupamento do Valor Adicionado a Distribuir

Este grupamento evidencia as riquezas geradas pelas empresas em determinado período. Logo, detalharemos ponto a ponto de cada conta relacionada de acordo com a numeração da tabela 2, tomando como base o CPC 09:

1 - RECEITAS

1.1 - As vendas de mercadorias, produtos e serviços incluem os valores dos tributos incidente sobre as receitas, exemplo: ICMS, IPI e outros. Logo, esses valores correspondem à receita bruta ou ao faturamento bruto. É importante ressaltar que devem ser deduzidas as devoluções de vendas, bem como os abatimentos e os descontos incondicionais concedidos, caso existam.

1.2 – As outras receitas operacionais correspondem aos valores considerados que não fazem parte da atividade fim da empresa, como ganhos ou perdas na baixa de imobilizados, de investimentos, intangível e outros.

1.3 – Receitas relativas à construção de ativos próprios correspondem aos valores relativos à construção de ativos para uso próprio, tais como: materias, mão de obra terceirizada e outros.

1.4 – A provisão para crédito de liquidação duvidosa (PCLD) inclui os valores, corresponde à contabilização da provisão e/ou reversão.

2 - INSUMOS ADQUIRIDOS DE TERCEIROS.

2.1 – Custo das mercadorias, produtos e serviços vendidos não contém os gastos com pessoal próprio, que serão evidenciados somente no item 8.1 desse demonstrativo.

2.2 – Materiais, energia, serviços de terceiros e outros, contemplam os valores relativos a aquisições e pagamentos feitos a terceiros. Nesses itens, deverão ser considerados todos os tributos incluídos nas aquisições, recuperáveis ou não.

2.3 – A Perda/Recuperação de valores ativos abrange todos os valores referentes a perdas de ativos, tais como, as relativas à realização de estoques ou investimentos ou à variação do valor de mercado. Se, no período de elaboração este o valor líquido for positivo, ele deverá ser somado.

3 - VALOR ADICIONADO BRUTO = RECEITAS - INSUMOS

4 - DEPRECIAÇÃO, AMORTIZAÇÃO E EXAUSTÃO, incluem as despesas ou custos registrados no exercício.

5 - VALOR ADICIONADO LÍQUIDO PRODUZIDO PELA ENTIDADE = VALOR ADICIONADO BRUTO - DEPRECIAÇÃO, AMORTIZAÇÃO E EXAUSTÃO.

6 - VALOR ADICIONADO RECEBIDO EM TRANSFERÊNCIA refere-se à riqueza gerada por outras entidades, porém recebida em transferência. Tais como:

6.1) resultados de equivalência patrimonial – o resultado da equivalência pode representar receita ou despesa; se despesa, deve ser considerada como redução ou valor negativo, os valores recebidos como dividendos relativos a investimentos avaliados pelo custo.

6.2) receitas financeiras – inclui as receitas financeiras e inclusive as variações cambiais ativas independentemente de sua origem. Os ganhos de equivalência patrimonial e os dividendos não representam geração de valor adicionado, mas transferências de riqueza criadas pelas sociedades investidas. Com o mesmo critério, as receitas financeiras são transferências de parcelas da riqueza criada por terceiros, resultantes da aplicação do capital da entidade nos seus empreendimentos.

7 - VALOR ADICIONADO TOTAL A DISTRIBUIR = VALOR ADICIONADO LÍQUIDO PRODUZIDO PELA ENTIDADE + VALOR ADICIONADO RECEBIDO EM TRANSFERÊNCIA, o total desses valores correspondem à riqueza gerada pela entidade no período.

4.3 Critério de Classificação do Grupamento do Valor Adicionado Distribuído

Essa segunda parte da DVA deve apresentar de forma detalhada como a riqueza obtida pela entidade foi distribuída. Os principais componentes dessa distribuição estão apresentados a seguir de acordo com a numeração determinada na tabela 2:

8 - DISTRIBUIÇÃO DO VALOR ADICIONADO deve ser detalhada a forma que a riqueza obtida pela entidade foi distribuída, devendo seu somatório ser igual ao Valor Total a Distribuir.

8.1) **Pessoal,** a remuneração do trabalho (ou dos agentes colaboradores), engloba os encargos com salários, comissões, honorários da diretoria, férias, 13º salário, FGTS, alimentação, transporte, participações nos lucros e outros, apropriados ao custo do produto ou resultado do período. Não inclui encargos previdenciários ou com entidades do Sistema "S" (contribuições corporativas), que são consideradas remuneração do governo. Para melhor entendimento, detalhamos a distribuição da rubrica pessoal da seguinte forma:

8.1.1 - Remuneração direta, representada pelos valores relativos a salários, 13º salário, honorários da administração (inclusive os pagamentos baseados em ações), férias, comissões, horas extras, participação de empregados nos resultados, e outros.

8.1.2 - Benefícios, representados pelos valores relativos à assistência médica, alimentação, transporte, planos de aposentadoria, e outros.

8.1.3 - Fundo de Garantia do Tempo do Serviço - (FGTS), são depósitos mensais efetuados pelo empregador que tem por objetivo de proteger o trabalhador, e os valores pertencem aos empregados que, em algumas situações, podem dispor dos valores depositados em seu nome.

8.2) **Impostos, taxas e contribuições,** também conhecida como remuneração do governo, abrange as contribuições previdenciárias e corporativas (incluídos aqui os valores do Seguro de Acidentes do Trabalho) que sejam ônus do empregador e as demais espécies tributárias, como o imposto de renda, a contribuição social sobre lucro líquido (CSLL) e todos os demais impostos, taxas e contribuições devidas ao poder público nas esferas Municipais, Estaduais e Federal.

Os valores relativos aos tributos recuperáveis (ex.: ICMS, IPI e outros) deverão ser considerados como os valores devidos ou já reconhecidos aos cofres públicos, representando a diferença entre os impostos incidentes sobre as vendas e os valores considerados dentro do item 2 (insumos adquiridos de terceiros). Os tributos que não forem pagos em decorrência de incentivos fiscais devem ser apresentados como redução desse item.

8.2.1 – Federais – inclui os tributos devidos à União, inclusive aqueles que são repassados no todo ou em parte aos Estados, Municípios, Autarquias e outros, tais como: IRPJ, CSSL, IPI, Cide, PIS, Cofins e outros, inclui também a contribuição sindical patronal.

8.2.2 – Estaduais – inclui os tributos devidos aos Estados, inclusive aqueles que são repassados no todo ou em parte aos Municípios, Autarquias e outros, tais como o ICMS, IPVA e outros.

8.2.3 – Municipais – inclui os tributos devidos aos Municípios, inclusive aqueles que são repassados no todo ou em parte às Autarquias, ou quaisquer outras entidades, tais como o ISS, IPTU e outros.

8.3) **Remuneração de capitais de terceiros** ou dos agentes financiadores, considera as despesas financeiras e as de juros relativas a quaisquer tipos de empréstimos e financiamentos junto às instituições financeiras, entidades do grupo ou outras e os aluguéis (incluindo as despesas com leasing) pagos ou creditados a terceiros. Para melhor entendimento, detalhamos a distribuição das rubricas mais relevantes do agente capital de terceiros da seguinte forma:

8.3.1 – Juros – inclui as despesas financeiras, inclusive as variações cambiais passivas, relativas a quaisquer tipos de empréstimos e financiamentos junto a instituições financeiras, empresas do grupo ou outras formas de obtenção de recursos. Inclui os valores que tenham sido capitalizados no período.

8.3.2 – Aluguéis – inclui os aluguéis (inclusive as despesas com arrendamento operacional) pagos ou creditados a terceiros, inclusive os acrescidos aos ativos.

8.3.3 - Outras - inclui outras remunerações que configurem transferência de riqueza a terceiros, mesmo que originadas em capital intelectual, tais como *royalties*, franquia, direitos autorais, e outros.

8.4) **Remuneração de Capitais Próprios** ou remuneração dos acionistas, inclui os valores pagos ou creditados aos acionistas, a título de juros sobre o capital próprio ou dividendos. Para melhor entendimento, detalhamos a distribuição das rubricas mais relevantes do agente acima mencionado:

8.4.1 - Juros sobre o Capital Próprio - (JSCP), incluem os valores pagos ou creditados aos sócios e acionistas a título de juros sobre capital próprio no exercício, ressalvando-se os valores dos JSCP transferidos para conta de reserva de lucros.

8.4.2 - Dividendos - Inclui os valores distribuídos, pagos ou creditados, aos sócios e acionistas com base no resultado do exercício.

8.4.3 - Lucros retidos/Prejuízo do exercício - inclui os valores relativos ao lucro do exercício destinado às reservas, inclusive os JSCP quando tiverem esse tratamento; ocorrendo prejuízo, esse valor deve ser incluído com sinal negativo.

8.4.4 - Participação dos não-controladores nos lucros retidos (só para consolidação) - Incluir somente para DVA consolidada.

4.4 Conclusão

Desta forma, consoante a tabela 2, supra, o demonstrativo pode ser desmembrado em duas partes principais: inicial e final, referente à criação e a destinação do valor adicionado, respectivamente.

Sendo que, na parte inicial da demonstração, evidenciam-se os itens que influenciaram o valor adicionado, partindo-se das receitas operacionais, subtraindo-se delas os valores relativos aos insumos adquiridos de terceiros, tais como matérias-primas consumidas, o custo das mercadorias e serviços vendidos, os valores pagos por outros materiais, energia, serviços de terceiros e outros gastos necessários à obtenção das receitas tais como provisões para créditos de difícil liquidação diminuindo-se a constituição e somando-se a reversão chegando-se ao Valor Adicionado Bruto.

Na parte intermediária subtraem-se os valores a título de depreciação, amortização e exaustão e adicionam-se as importâncias referentes à riqueza criada por outras empresas e transferidas, tais como receita financeira, ganho de equivalência patrimonial, chegando-se ao Valor Adicionado Total que será objeto de distribuição.

E na última parte, é feita a destinação. Demonstra-se, nesse campo, como o valor adicionado total foi distribuído para os agentes econômicos que contribuíram para adicionar a riqueza em forma de remuneração.

Após conhecer toda estrutura da DVA, exercitaremos estes conceitos com questões selecionadas para este capítulo para reforçarmos os conhecimentos.

4.5 Questões de Prova

Vamos aprimorar os conhecimentos através dos exercícios.

01. (SEFAZ-PI – Analista do Tesouro Estadual – FCC – 2015) A Cia. Piauiense é uma empresa comercial. As seguintes informações, referentes ao ano de 20X4, são conhecidas sobre ela:

- Receita de Vendas: R$ 1.000.000,00
- Impostos sobre vendas: R$ 180.000,00
- Custo das Mercadorias Vendidas: R$ 430.000,00

Sabendo que não havia estoques iniciais, que todo estoque adquirido em 2014 foi vendido e que os impostos recuperáveis incluídos no valor total dos produtos adquiridos em 20X4 foram de R$ 64.000,00, o Valor Adicionado Gerado pela Cia. Piauiense em 20X4 foi, em reais.

a) 1.000.000,00

b) 570.000.00

c) 506.000,00

d) 390.000,00

e) 454.000,00

02. (Petrobrás – Contador Júnior – CESGANRIO – 2014) A companhia O apresentou a seguinte demonstração do resultado, elaborada, em reais, de acordo com as determinações da legislação societária, referente ao exercício findo em 31 de dezembro de 2013.

DEMONSTRAÇÃO DO RESULTADO DO EXERCICIO Elaborada em 31 de dezembro de 2013	
Receita Operacional Bruta	**1.215.000,00**
(–) Descontos incondicionais	(135.000,00)
(–) ICMS	(194.400,00)
(–) PIS e COFINS	(22.500,00)
(=) Receita Operacional Líquida	**863.100,00**
(–) CMV	(344.250,00)
(=) Lucro Operacional Bruto	**518.850,00**
(–) Água/Luz/gás/telefone	(20.700,00)
(–) Aluguéis	(67.500,00)
(–) Salários	(135.000,00)
(–) INSS	(36.180,00)
(–) FGTS	(10.800,00)
(–) Depreciação	(31.500,00)
(–) Amortização	(9.000,00)
(=) Lucro antes Receitas e Despesas Financeiras	**208.170,00**
(–) Juros Passivos	(21.600,00)
(+) Juros Ativos	58.680,00
(=) Lucro antes do IR e CSLL	**245.250,00**
(–) IR e CSLL	(49.050,00)
(=) Lucro Líquido	**196.200,00**

Considerando exclusivamente os valores apresentados na demonstração, a companhia O, elaborada a Demonstração do Valor Adicionado (DVA), apurou que o valor que ela distribuiu ao Governo, no exercício findo de 2013, em reais, foi de

a) 265.950,00
b) 276.750,00
c) 279.630,00
d) 302.130,00
e) 312.930,00

03. (Petrobrás - Profissional Júnior - CESGANRIO - 2015) A companhia K de capital aberto apresentou, em reais, as seguintes informações parciais retiradas de seus livros e controles contábeis:

Compra de mercadorias no valor de 15.000,00, incluindo o ICMS destacado na Nota Fiscal de 2.700,00
Dividendos recebidos de investimentos avaliados ao custo 1.000,00
Energia elétrica 1.200,00
Estoque inicial e final de mercadorias 0,00
Receitas financeiras 2.000,00
Resultado positivo (ganho) de equivalência patrimonial 7.000,00

Venda de mercadorias no valor de 35.000,00, incluindo o ICMS destacado na Nota Fiscal de 6.300,00.

Considerando-se exclusivamente as informações recebidas e os dizeres do CPC 09, aprovado pela Deliberação CVM nº 557/2008, na elaboração da Demonstração do Valor Adicionado, o total desse valor recebido em transferência, em reais, é de

a) 8.800,00

b) 10.000,00

c) 15.200,00

d) 20.000,00

e) 26.400,00

4. (SEFAZ-PE – Julgador Administrativo do Tesouro Estadual – FCC – 2015) A Cia. Valor & Riqueza, empresa comercial, apresentou as seguintes informações referentes ao ano de 2014, com os valores expressos em reais:

Receita Bruta de Vendas	700.000,00
(-) Impostos sobre vendas	(120.000,00)
(=) Receita Líquida	580.000,00
(-) Custo das Mercadorias Vendidas	(340.000,00)
(=) Lucro Bruto	240.000,00
(-) Despesas operacionais	
Despesa de depreciação	(30.000,00)
Despesa com salários	(20.000,00)
(=) Lucro antes do IR e CSLL	190.000,00
(-) IR e CSLL	(42.000,00)
(=) Lucro Líquido	148.000,00

O valor dos tributos recuperáveis que estavam incluídos no valor da compra dos produtos comercializados, no ano de 2014, foi de R$ 35.000,00. Considerando estas informações, o valor adicionado a distribuir gerado pela Cia. Valor & Riqueza no ano de 2014 foi, em reais,

a) 700.000,00.

b) 240.000.00.

c) 325.000,00.

d) 330.000,00.

e) 295.000,00.

05. (CNMP - Analista do CNMP - FCC - 2015) A Cia. Adicionadora é uma empresa comercial e apresentou as seguintes informações referentes ao ano de 2013, com os valores expressos em reais:

Receita Líquida de Vendas	290.000,00
(-) Custo das Mercadorias Vendidas	(170.000,00)
(=) Lucro Bruto	120.000,00
(-) Despesas operacionais	
Depreciação	(15.000,00)
Salários	(10.000,00)
(=) Lucro antes do IR e CSLL	95.000,00
(-) IR e CSLL	(21.000,00)
(=) Lucro Líquido	74.000,00

O valor dos tributos recuperáveis que estavam incluídos no valor da compra dos produtos comercializados no ano de 2013 foi de R$ 17.500,00, e o valor dos tributos incidentes sobre a receita bruta de vendas do ano totalizaram R$ 60.000,00. Com base nestas informações, o Valor Adicionado a Distribuir gerado pela Cia. Adicionadora no ano de 2013 foi, em reais,

a) 102.500,00.

b) 120.000.00.

c) 162.500,00.

d) 105.000,00.

e) 147.500,00.

06. (CNMP - Analista do CNMP - FCC - 2015) Uma empresa comercial adquiriu, em 02/01/2014, estoques no valor total de R$ 250.000,00. O valor dos impostos recuperáveis incluídos no preço de compra era R$ 25.000,00. Durante o ano de 2014, a empresa vendeu 90% deste estoque pelo valor total de R$ 400.000,00, estando incluídos R$ 40.000,00 de impostos sobre a venda. A demonstração do resultado bruto com vendas do ano de 2014 era a seguinte:

Receita Bruta de Vendas 400.000,00
(–) Impostos sobre Vendas .... (40.000,00)
(=) Receita Líquida de Vendas.. 360.000,00
(–) Custo das Mercadorias Vendidas .... (202.500,00)
(=) Resultado Bruto com Vendas 157.500,00

Sabendo que não havia estoques iniciais e que a empresa não consumiu nenhum outro insumo ou serviço de terceiros, o Valor Adicionado Gerado pela empresa em 2014 foi, em reais,

a) 157.500,00
b) 150.000,00.
c) 197.500,00.
d) 175.000,00.
e) 135.000,00.

07. (DPE-MT – Contador – FGV – 2015) No ano de 2013, uma empresa construiu uma máquina para usar em seus negócios. Os custos com a construção da máquina foram:

Matéria-prima: R$ 40.000,00;
mão de obra: R$ 25.000,00;
juros sobre empréstimo: R$ 15.000,00;
depreciação dos ativos imobilizados utilizados no processo de construção: R$10.000,00.

Dado que esse foi o único evento da empresa em 2013, o valor adicionado a distribuir no ano foi de

a) R$ 15.000,00
b) R$ 25.000,00
c) R$ 40.000,00
d) R$ 80.000,00
e) R$ 90.000,00

08. (TJ-BA – Analista Judiciário – Contabilidade – FGV – 2015) Considere as informações a seguir, relativas à Cia Tempos Modernos:

Quadro II

Balanço Patrimonial

ATIVO	20x3	20x4	PASSIVO	20x3	20x4
Ativo Circulante	**14.800**	**22.800**	**Passivo Circulante**	**0,00**	**3.351**
Caixa e equivalentes	14.800	22.800	IR/CSLL a pagar		1.221
			ICMS a pagar		2.130
Ativo Não Circulante	**16.200**	**14.400**			
Imobilizado	18.000	18.000	**Passivo Não Circulante**	**0,00**	**0,00**
Depreciação Acumulada	1.800	3.600			
			Patrimônio Líquido	**31.000**	**33.849**
			Capital social	27.300	27.300
			Reserva de lucros	3.700	6.549
Total	**31.000**	**37.200**	**Total**	**31.000**	**37.200**

Demonstração do Resultado do Exercício de 20x4

Faturamento Bruto		21.000
(-) ICMS faturado	-	3.780
Vendas líquidas		**17.220**
(-) CMV	-	**9.350**
Despesas		
Salários e encargos	-	1.350
Aluguel	-	650
Depreciação	-	1.800
Lucro antes do IR/CSLL		**4.070**
(-) IR/CSLL	-	1.221
Lucro líquido		**2.849**

Descrição das transações:

a) Aquisição de mercadorias à vista, no valor de 11.000,00 (Alíquota do ICMS: 18%; Compras líquidas = 9.350,00)

b) Receita de vendas de mercadorias no período: 21.000,00 (Alíquota do ICMS: 18%; Vendas líquidas = 17.220,00)

c) Pagamento de Pessoal: 1.350,00 (Sendo: 1.150,00 salários, férias e 13º; 200,00 contribuições ao INSS)

d) Pagamento de despesas de aluguel: 650,00

e) Taxa de depreciação dos itens do Imobilizado: 10% f) Alíquota de IR/CSLL: 30% do lucro líquido

O valor adicionado a distribuir, apurado pela Cia Tempos Modernos (Quadro II), no exercício de 20x4, foi de:

a) 2.849,00

b) 7.780,00

c) 8.200,00

d) 10.000,00

e) 17.220,00

09. (COSEAC - Técnico em Contabilidade - UFF - 2015) Na Demonstração de Valor Adicionado, o termo "valor adicionado" refere-se:

a) à riqueza criada pela empresa, de forma geral, medida pela diferença entre o valor das vendas e os insumos adquiridos de terceiros.

b) ao valor adicionado ao ativo da empresa, criado de forma geral pelas atividades exercidas.

c) à riqueza criada pela receita de vendas ou dos serviços prestados a terceiros.

d) ao valor da diferença entre a variação do valor do ativo e do passivo no período.

e) ao valor adicionado relacionado às compras de bens no ativo.

10. (TCE-CE - Analista de Controle Externo-Auditoria Governamental - FCC - 2015) A empresa Produtos Conscientes S.A. trabalha na comercialização de produtos naturais e apresentou a seguinte demonstração do seu resultado referente ao ano de 2014, com os valores expressos em reais:

Receita Líquida de Vendas	580.000,00
(–) Custo das Mercadorias Vendidas	(340.000,00)
(=) Lucro Bruto	240.000,00
(–) Despesas operacionais	
Depreciação	(30.000,00)
Salários	(20.000,00)
(=) Lucro antes do IR e CSLL	190.000,00
(–) IR e CSLL	(42.000,00)
(=) Lucro Líquido	148.000,00

Sabe-se que, quando da aquisição dos produtos que foram vendidos em 2014, estavam incluídos no preço de compra tributos recuperáveis no valor de R$ 35.000,00. O valor dos tributos incidentes sobre as vendas do ano foi R$ 120.000,00. Com base nestas informações, o Valor Adicionado a Distribuir gerado pela Produtos Conscientes S.A. no ano de 2014 foi, em reais,

a) 295.000,00.

b) 205.000.00.

c) 240.000,00.

d) 210.000,00.

e) 360.000,00.

11. (TRE-MA - Analista Judiciário - IESES - 2015) A Demonstração do Valor Adicionado procura evidenciar o valor da riqueza gerada pela entidade e sua distribuição. Com base nos dados fornecidos pela Cia. Azul S.A., calcule o valor adicionado a distribuir da referida empresa em 31.12.X1, sabendo que no ano de X1 a empresa Azul S.A. não possuía estoque inicial e todas as mercadorias adquiridas nesse ano foram vendidas.

Contas Saldos em 31.12.X1

Receita com Venda de Mercadorias ....R$ 350.000
Despesa com salários dos vendedores ....R$ 27.500
Despesa com salários do pessoal administrativo ....R$ 17.500
Despesa com depreciação ....R$ 3.000
Despesa com manutenção de computadores – serviço terceirizado ....R$ 7.000

Calcule o valor adicionado a distribuir da Cia. Azul S.A. em 31.12. X1, utilizando os dados fornecidos e assinale a alternativa que apresenta o valor correto calculado.

a) R$ 295.000
b) R$ 305.000
c) R$ 340.000
d) R$ 312.500

12. (TJ-PI – Analista Judiciário – FGV – 2015) A companhia Certinha S/A tem como principal atividade operacional a compra e revenda de mercadorias. Em julho de 2014, a empresa adquiriu mercadorias para revenda por R$5.000,00. Em setembro do mesmo ano, revendeu 25% das mercadorias adquiridas por R$ 6.000,00. A companhia registrou, no período, despesas com depreciação no valor de R$ 500,00 e um resultado positivo de equivalência patrimonial de R$ 600,00. As despesas com aluguéis no período foram de R$ 500,00 e foram pagas. Considere a incidência de ICMS de 12% nas operações de compra e venda. Segundo o Pronunciamento CPC 09, o valor adicionado líquido produzido pela entidade apresentado na Demonstração do Valor Adicionado – DVA é igual a:

a) 4.350,00
b) 4.250,00
c) 3.680,00
d) 600,00
e) 380,00

13. (CESPE – Analista Judiciário – CNJ – 2013) A respeito de demonstrações contábeis, seus componentes, seus respectivos registros e sua evidenciação, julgue os itens subsequentes.

Assim como na demonstração do resultado do exercício, o valor dos impostos recuperáveis é retirado dos custos dos produtos vendidos para a elaboração da demonstração do valor agregado (DVA).

depreciação, amortização e exaustão	13.000
insumos adquiridos de terceiros	220.000
receita de vendas	300.000
valor adicionado recebido em transferência	2.000

A tabela acima contém as informações, com valores em reais, levantadas pelo contador de determinada empresa para a elaboração da demonstração do valor adicionado dessa empresa. Com base apenas nessas informações, julgue o item abaixo.

O valor adicionado bruto que aparecerá na demonstração do valor adicionado — elaborada de acordo com o pronunciamento do CPC — será superior a R$ 90.000,00.

( ) Certo

( ) Errado

15. (CFC - Contador - 2013) Uma sociedade empresária realizou, em janeiro de 2013, as seguintes operações:

Aquisição de mercadoria para revenda por R$50.000,00, neste valor incluídos R$ 7.500,00 referentes aos impostos recuperáveis. Das mercadorias adquiridas, 50% foram vendidas por R$102.800,00, neste valor incluídos R$ 25.700,00 referentes aos impostos incidentes sobre as vendas.

Considerando que não havia estoque inicial de mercadorias para revenda, na Demonstração do Valor Adicionado, o valor adicionado bruto será igual a:

a) R$ 81.550,00

b) R$ 77.800,00

c) R$ 60.300,00

d) R$ 55.850,00

16. (CFC – Contador – 2013) Em relação às informações relativas à riqueza criada e sua distribuição apresentada na Demonstração do Valor Adicionado de uma empresa industrial, assinale a opção **INCORRETA.**

a) Os insumos adquiridos de terceiros abrangem, entre outros, os custos das matérias-primas incluídos no custo dos produtos vendidos, energia e serviços de terceiros.

b) O valor adicionado recebido em transferência abrange, entre outros, o resultado da equivalência patrimonial e as receitas financeiras.

c) A remuneração de capital de terceiros abrange, entre outros, os fornecedores, as contas a pagar, os juros passivos, as provisões judiciais e as reservas patrimoniais.

d) A distribuição do valor adicionado abrange, entre outros, a remuneração direta com pessoal, benefícios, FGTS, imposto, taxas e contribuições federais, estaduais e municipais e a remuneração de capitais próprios, tais como dividendos e juros do capital próprio.

17. (FCC – SEFAZ-SC – Auditor Fiscal da Receita Estadual – Auditoria e Fiscalização – Prova 3 – 2018) A empresa comercial Só Negócios S.A. apresentou as seguintes informações referentes ao primeiro semestre de 2018:

Demonstração do Resultado	
01/01/2018 a 30/06/2018	**(em reais)**
Receita Bruta de Vendas	480.000
(–) Impostos sobre vendas	(110.000)
(=) Receita Líquida	370.000
(–) Custo das Mercadorias Vendidas	(150.000)
(=) Lucro Bruto	220.000
(–) Despesas operacionais	
Despesas de depreciação	(35.000)
Despesas com salários	(20.000)
INSS sobre salários (empresa)	(4.000)
FGTS sobre salários	(1.600)
(=) Lucro antes do IR e CSLL	159.400
(–) IR e CSLL	(35.400)
(=) Lucro Líquido	**124.000**

Com base nessas informações e sabendo que o valor dos tributos recuperáveis referentes aos produtos comercializados, no primeiro semestre de 2018, foi R$ 27.000,00, o Valor Adicionado distribuído na forma de Impostos, Taxas e Contribuições pela empresa Só Negócios S.A. foi, em reais,

a) 122.400,00.

b) 145.400,00.

c) 176.400,00.

d) 118.400,00.

e) 124.000,00.

18. (CFC - Contador - 2013) Uma sociedade empresária apresentou os seguintes dados para a elaboração da Demonstração do Valor Adicionado:

Receita Bruta de Vendas R$ 800.000,00

(-) Tributos sobre as Vendas R$ 136.000,00

Receita Líquida R$ 664.000,00

(-) Custo das Mercadorias Vendidas R$ 498.000,00

Lucro Bruto R$ 166.000,00

Despesa com Pessoal R$ 90.000,00

Despesa com Depreciação R$ 8.000,00

Despesa de Juros sobre Empréstimos R$ 3.000,00

Resultado antes dos Tributos sobre o Lucro R$ 65.000,00

Imposto de Renda R$ 16.250,00

Contribuição Social R$ 5.850,00

Resultado do Período R$ 42.900,00

Informações adicionais:

I. O custo de aquisição da mercadoria vendida foi calculado da seguinte forma:

Valor da Mercadoria R$ 600.000,00

ICMS Recuperado R$ 102.000,00

Custo Aquisição R$ 498.000,00

II. O valor da despesa com Pessoal é composto dos seguintes gastos: Salários, Férias e 13º Salário R$ 65.000,00

INSS R$ 25.000,00

Total R$ 90.000,00

De acordo com a Demonstração do Valor Adicionado, elaborada a partir dos dados fornecidos, assinale a opção **INCORRETA.**

a) O Valor adicionado a distribuir é R$ 192.000,00.

b) O Valor adicionado a distribuir é R$ 294.000,00.

c) O valor da remuneração de capital de terceiros é de R$ 3.000,00.

d) O valor distribuído para pessoal é de R$ 65.000,00.

19. (CFC – Contador – 2013) Na Demonstração do Valor Adicionado, a despesa com aluguel, a energia elétrica consumida no período e o resultado positivo da equivalência patrimonial são evidenciados, respectivamente, como:

a) insumos adquiridos de terceiros; insumos adquiridos de terceiros e remuneração do capital próprio.

b) insumos adquiridos de terceiros; remuneração do capital de terceiros e valor adicionado recebido em transferência.

c) remuneração do capital de terceiros; insumos adquiridos de terceiros e valor adicionado recebido em transferência.

d) remuneração do capital de terceiros; remuneração do capital de terceiros e remuneração do capital próprio.

20. (CFC – Contador – 2013) Uma sociedade empresária adquiriu mercadorias para revenda por R$5.000,00, neste valor incluído ICMS de R$1.000,00. No mesmo período, revendeu toda a mercadoria adquirida por R$9.000,00, neste valor incluído ICMS de R$1.800,00. A sociedade empresária registrou, no período, despesas com representação comercial no montante de R$1.200,00 e depreciação de veículos de R$200,00.

Na Demonstração do Valor Adicionado – DVA, elaborada a partir dos dados fornecidos, o valor adicionado a distribuir é igual a:

a) R$1.800,00.

b) R$2.600,00.

c) R$3.200,00.

d) R$4.000,00.

21. (FGV - SEFAZ-RJ - Fiscal de Rendas - 2010) - A Cia Petrópolis apresentava os seguintes dados para a montagem da Demonstração do Valor Adicionado em 31.12.X0:

Vendas *(incluindo R$ 190,00 de impostos incidentes sobre vendas)*	R$ 1.000,00
Compra de matéria-prima *(incluindo R$ 80,00 de impostos recuperáveis incidentes sobre as compras)*	R$ 240,00
Despesas de Salários	R$ 200,00
Despesa de Juros	R$ 140,00
Estoque inicial de matéria prima	zero
Estoque final de matéria prima	zero

Assinale a alternativa que indique corretamente o valor adicionado a distribuir da Cia Petrópolis em 31.12.X0:

a) R$ 310,00.

b) R$ 510,00.

c) R$ 620,00.

d) R$ 650,00.

e) R$ 760,00.

22. (CONSULPLAN - CFC - Bacharel em Ciências Contábeis - 2º Exame - 2019) Os seguintes dados foram obtidos em uma Demonstração do Valor Adicionado (DVA) referente ao exercício social de uma entidade do setor de bens industriais encerrado em 31/12/20X3:

Descrição	**31/12/20X3 em R$**
Vendas de mercadorias, produtos e serviços	65.000.000
Custo dos produtos, das mercadorias e dos serviços vendidos	(49.000.000)
Materiais, energia, serviços de terceiros e outros	(6.000.000)
Depreciação, amortização e exaustão	(1.400.000)
Resultado de equivalência patrimonial	(1.700.000)
Receitas financeiras	12.000.000

Com base somente nos dados apresentados e considerando a Resolução CFC nº 1.138/08, que aprova a Norma Brasileira de Contabilidade NBC

TG 09 – Demonstração do Valor Adicionado, o Valor Adicionado Líquido Produzido e o Valor Adicionado Total a Distribuir pela entidade são, respectivamente:

a) R$ 10.000.000 e R$ 8.600.000

b) R$ 18.900.000 e R$ 8.600.000

c) R$ 8.600.000 e R$ 18.900.000

d) R$ 10.000.000 e R$ 18.900.000

23. (SUSAM, Técnico de Nível Superior – Ciências Contábeis – FGV – 2014) Parte inferior do formulário

A Cia. Y efetuou as seguintes operações durante o ano de 2013:

Despesas de aluguel:	R$ 5.000,00
Receitas de aluguel:	R$ 7.000,00
Pagamento de salários:	R$ 10.000,00
Despesa financeira:	R$ 8.000,00
Despesa de depreciação:	R$ 12.000,00
Dividendos:	R$ 19.000,00
Despesa de seguros:	R$ 6.000,00
Serviço de terceiros:	R$ 9.000,00
Provisão para créditos de liquidação duvidosa:	R$ 2.000,00
Vendas:	R$ 50.000,00
Materiais consumidos adquiridos de terceiros:	R$ 20.000,00
Receitas financeiras:	R$ 16.000,00
Resultado de equivalência patrimonial:	R$ 40.000,00
Imposto de renda e contribuição social:	R$ 22.000,00

Considerando apenas os fatos acima, o valor adicionado a distribuir da Cia. Y em 2013, era de:

a) R$ 41.000,00.

b) R$ 45.000,00.

c) R$ 54.000,00.

d) R$ 64.000,00.

e) R$ 70.000,00.

24. (Receita Federal - Auditor Fiscal da Receita Federal - ESAF - 2014) Parte inferior do formulárioNa elaboração da Demonstração do Valor Adicionado (DVA), as Receitas Financeiras de Juros recebidas por entidades comerciais e o valor da contribuição patronal para a Previdência Social são, respectivamente:

a) Valor adicionado recebido em transferência e distribuição da riqueza obtida.

b) Distribuição da Riqueza Obtida e Valor adicionado recebido por substituição.

c) Receitas derivadas de produtos ou serviços e item do Valor Adicionado Bruto.

d) Valor Adicionado Bruto e Receitas derivadas de produtos ou serviços.

e) Receitas derivadas de produtos ou serviços e Valor adicionado recebido por substituição.

25. (AL-BA - Técnico de Nível Médio - Contabilidade - FGV - 2014) Parte inferior do formulário A Cia. Laranja efetuou as seguintes operações, durante o ano de 2013:

Receitas financeiras	R$ 40.000,00
Vendas de mercadorias	R$ 300.000,00
Despesa financeira	R$ 30.000,00
Materiais consumidos adquiridos de terceiros	R$ 150.000,00
Despesa de aluguel	R$ 12.000,00
Receitas de aluguel	R$ 30.000,00
Despesa de seguros contratados	R$ 24.000,00
Despesa de depreciação	R$ 20.000,00
Serviços de terceiros	R$ 5.000,00
Despesa de salários de funcionários	R$ 40.000,00
Provisão para créditos de liquidação duvidosa	R$ 6.000,00
Dividendos	R$ 40.000,00
Juros sobre capital próprio	R$ 30.000,00
Impostos	R$ 43.000,00

Baseado nas informações acima, o *valor adicionado* a distribuir da Cia. Laranja, em 2013/12/31, foi

a) R$ 135.000,00.

b) R$ 153.000,00.

c) R$ 165.000,00.

d) R$ 171.000,00.

e) R$ 189.000,00.

26. (SEFAZ-RJ – Auditor Fiscal da Receita Estadual – FCC - 2014) Determinada empresa comercial apresentava as seguintes informações referentes ao primeiro semestre de 2013:

Receita Bruta de Vendas	R$ 500.000,00
(-) Impostos sobre vendas	R$ 90.000,00
(=) Receita Líquida	R$ 410.000,00
(-) Custo das Mercadorias Vendidas	R$ 220.000,00
(=) Lucro Bruto	R$ 190.000,00
(-) Despesas operacionais	
Despesa de depreciação	R$ 20.000,00
Despesa com salários	R$ 10.000,00
(=) Lucro antes do IR e CSLL	R$ 160.000,00
(-) IR e CSLL	R$ 24.000,00
(=) Lucro Líquido	R$ 136.000,00

Sabe-se que o valor dos tributos recuperáveis referentes às mercadorias comercializadas no primeiro semestre foi R$ 30.000,00 e, além da obrigação assumida com fornecedores, nenhum gasto adicional foi necessário para colocar as mercadorias em condições de serem vendidas. Com base nestas informações, o Valor Adicionado a Distribuir gerado pela empresa, no primeiro semestre de 2013, foi

a) R$ 230.000,00.

b) R$ 410.000,00.

c) R$ 190.000,00.

d) R$ 280.000,00.

e) R$ 250.000,00.

27. (TRT-ES – Analista Judiciário – Contabilidade - 2013) Com relação à avaliação de itens patrimoniais e ao levantamento das demonstrações de resultado previstas na legislação societária, julgue o item seguinte.

Se uma empresa apurou, em determinado período, faturamento bruto total de R$ 300 mil, tendo gasto R$ 30 mil com IPI e R$ 50 mil com ICMS, reconhecerá, em sua DVA, na linha venda de mercadorias, produtos e serviços o valor de R$ 250.000.

( ) Certo

( ) Errado

28. (TJ-AC – Analista Judiciário – Contador - 2012) Considere que determinada empresa, no final do exercício, tenha levantado os seguintes dados para elaborar a DVA.

depreciação, amortização e exaustão .... R$ 14.000,00
insumos adquiridos de terceiros .... R$ 110.000,00
receita .... R$ 300.000,00
valor adicionado recebido em transferência .... R$ 4.000,00

Nesse caso, com base apenas nos dados disponibilizados, é correto afirmar que o valor adicionado bruto e o valor adicionado a distribuir são, respectivamente, iguais a R$ 304.000,00 e R$ 200.000,00.

( ) Certo

( ) Errado

29. (TRT-SE – Analista Judiciário – Contabilidade – FCC - 2011)

Na elaboração da Demonstração do Valor Adicionado (DVA) são identificados como Valor Adicionado Recebido em Transferência:

a) as receitas financeiras obtidas e os dividendos recebidos.

b) os resultados na venda de imobilizados, as depreciações e as amortizações.

c) os royalties recebidos e os insumos adquiridos de terceiros.

d) os serviços profissionais contratados de terceiros e os aluguéis obtidos.

e) os impostos recuperáveis e as recuperações de perdas.

30. (INMETRO - Técnico de Contabilidade - CESPE - 2010) De acordo com as informações apresentadas no quadro abaixo, o valor adicionado a distribuir (em reais), no período, é de

Despesas de aluguel:	R$ 5.000,00
Receitas de aluguel:	R$ 7.000,00
Pagamento de salários:	R$ 10.000,00
Despesa financeira:	R$ 8.000,00
Despesa de depreciação:	R$ 12.000,00
Dividendos:	R$ 19.000,00
Despesa de seguros:	R$ 6.000,00
Serviço de terceiros:	R$ 9.000,00
Provisão para créditos de liquidação duvidosa:	R$ 2.000,00
Vendas:	R$ 50.000,00
Materiais consumidos adquiridos de terceiros:	R$ 20.000,00
Receitas financeiras:	R$ 16.000,00
Resultado de equivalência patrimonial:	R$ 40.000,00
Imposto de renda e contribuição social:	R$ 22.000,00

a) 23.400.

b) 21.600.

c) 20.950.

d) 20.400.

e) 17.950.

31. (INMETRO - Técnico de Contabilidade - CESPE - 2010) Com base nos dados fornecidos no quadro abaixo, o valor adicionado distribuído (em reais) para os empregados, no período, é de

	receita bruta		**45.000**
(-)	ICMS incidente sobre vendas		5.450
	receita líquida		39.550
(-)	custo da mercadoria vendida		14.350
	lucro bruto		25.200
(-)	despesas		15.100
	salários	8.000	
	FGTS	800	
	INSS	1.500	
	serviço de vigilância	3.000	
	depreciação	1.800	
	lucro antes do IR e CSL		10.100
(-)	IR/CSL (30%)		3.030
	lucro líquido		7.070

a) 8.000

b) 8.800

c) 9.500

d) 10.300

e) 13.300

32. (ABIN - Oficial Técnico de Inteligência - Área de Ciências Contábeis- CESPE - 2010) Acerca da demonstração do valor adicionado (DVA), julgue os itens a seguir de acordo com os atuais pronunciamentos contábeis brasileiros. O detalhamento da remuneração de capitais de terceiros, um dos componentes da distribuição da riqueza apresentada na DVA, evidencia os juros, inclusive os valores que tenham sido capitalizados no período; os aluguéis, inclusive as despesas com arrendamento operacional pagos ou creditados a terceiros; e outras remunerações, tais como *royalties*, franquia e direitos autorais, ainda que originadas de capital intelectual.

( ) Certo

( ) Errado

33. (DPU – Contador – CESPE - 2010)

	R$
depreciação, amortização e exaustão	–475.998
impostos, taxas e contribuições	108.881
insumos adquiridos de terceiros	–2.907.441
pessoal	209.910
receitas	4.153.360
remuneração de capitais de terceiros	164.804
remuneração de capitais próprios	353.315
valor adicionado recebido em transferência	66.989

Considerando as informações da tabela acima, levantadas para a elaboração da demonstração do valor adicionado de determinada empresa no ano de 2009, assinale a opção correta.

a) O valor adicionado líquido no período é superior ao valor adicionado a distribuir.

b) O valor adicionado bruto é maior que R$ 1.300.000,00.

c) O valor adicionado a distribuir é superior a R$ 900.000,00.

d) O valor adicionado distribuído pela empresa é inferior a R$ 550.000,00.

e) O valor adicionado líquido produzido pela empresa é superior a R$ 750.000,00.

34. (BAHIAGÁS – Analista de Processos Organizacionais – Contabilidade- FCC - 2010)

BP = Balanço Patrimonial.

DRE = Demonstração de Resultado do Exercício.

DLPA = Demonstração de Lucros e Prejuízos Acumulados.

DMPL = Demonstração das Mutações do Patrimônio Líquido.

DOAR = Demonstração de Origens e Aplicações de Recursos.

DFC = Demonstração do Fluxo de Caixa.

DFCL = Demonstração do Fluxo de Caixa Livre.

DVA = Demonstração do Valor Adicionado.

BS = Balanço Social.

NE = Notas Explicativas.

RA = Relatório da Administração.

LRF = Lei de Responsabilidade Fiscal.

IR = Imposto de Renda.

CSLL = Contribuição Social sobre o Lucro Líquido.

LAIRC = Lucro Antes do Imposto de Renda e Contribuição Social.

IRPJ = Imposto de Renda Pessoa Jurídica.

ICMS = Imposto sobre Circulação de Mercadorias e Serviços.

IPI = Imposto sobre Produtos Industrializados.

ISS = Imposto Sobre Serviços.

DRE da Jacobina S/A		2.009
Receita Bruta de Vendas		5.800
Devoluções e Abatimentos		-200
Impostos sobre Vendas		-1.200
Receita Líquida de Vendas		4.400
Custos das Mercadorias Vendidas		-1.400
Lucro Operacional Bruto		3.000
Despesas Operacionais		
Ordenados e Salários	400	
Encargos sociais	120	
Serviços de Terceiros	80	
Materiais de consumo	40	
Propaganda e publicidade	160	
Imposto Predial	60	
Luz, Água e Telefone	60	
Depreciação	80	-1000
Despesas Financeiras		-80
Receitas Financeiras		160
Lucro operacional Líquido		2.080
Resultado Não-Operacional:		
Venda de Imobilizado	200	
Custo do Imobilizado Vendido	-80	120
Lucro Antes da CSLL		2.200
CSLL		-200
Lucro Antes do Imposto de Renda		2.000
Provisão para Imposto de Renda		-280
Lucro Depois do Imposto de Renda		1.720
Participações nos Lucros		
Debêntures	-172	
Empregados	-148	-320
Lucro Líquido do Exercício		1.400

DVA da Jacobina S/A, o Valor Adicionado distribuído a título de Remuneração do Trabalho tem o montante, em $, de

a) 522.

b) 548.

c) 572.

d) 616.

e) 684

35. (DNOCS – Contador – FCC - 2010) Dados da Cia. Miramar, referentes ao exercício encerrado em 31/12/2008, em R$:

Custo das Mercadorias Vendidas	250.000,00
Serviços adquiridos de terceiros	70.000,00
Receita de dividendos	30.000,00
Despesas financeiras	25.000,00
Outros materiais adquiridos de terceiros	20.000,00
Despesas de depreciação	40.000,00
Receita de vendas	540.000,00
Pagamento de mão de obra e encargos trabalhistas	60.000,00

Com estas informações, o Valor Adicionado a Distribuir da companhia nesse exercício correspondeu, em R$, a

a) 160.000,00.

b) 200.000,00.

c) 190.000,00.

d) 170.000,00.

e) 220.000,00.

36. (TJ-AP – Analista Judiciário – Contabilidade – FCC – 2009) Na Demonstração do Valor Adicionado, constituem itens de distribuição do valor adicionado.

a) as receitas e as despesas de aluguéis, as despesas de FGTS e os juros pagos.

b) as despesas de juros, as reversões de provisão para crédito de liquidação duvidosa e as perdas de ativos.

c) as despesas de depreciação do período, as receitas de juros e os resultados de equivalência patrimonial.

d) os benefícios pagos a empregados, os juros sobre capital próprio e os lucros retidos.

e) os gastos com serviços de terceiros, os valores relativos à construção de ativos próprios e as amortizações.

37. (SEFAZ-SP - Agente Fiscal de Rendas - FCC - 2009) O valor da receita de equivalência patrimonial recebida pela controlada deve ser apresentada na DVA como:

a) distribuição de riqueza – remuneração do capital de terceiros;

b) receita criada pela entidade – outras receitas;

c) receitas não-operacionais – demais;

d) valor adicionado recebido em transferência;

e) distribuição de riqueza – remuneração de capital próprio.

38. (INSTITUTO AOCP – Câmara de Cabo de Santo Agostinho – PE – 2019 – Contador) Uma empresa apresentou as seguintes informações referentes às operações no ano de 2018:

Despesas de serviços de terceiros	R$ 20.000,00
Receita de vendas de mercadorias	R$ 800.000,00
Custo das mercadorias vendidas	R$ 400.000,00
Resultado de equivalência patrimonial	R$ 150.000,00
Despesas de depreciação	R$ 10.000,00
Despesa de salários de funcionários da empresa	R$ 100.000,00
Despesa de aluguel	R$ 36.000,00
Despesas financeiras	R$ 5.000,00
Receitas de construção de ativos próprios	R$ 50.000,00
Variações cambiais ativas	R$ 15.000,00

Com base nas informações apresentadas, o valor adicionado líquido, no final do exercício de 2018, será de:

a) R$ 585.000,00.

b) R$ 430.000,00.

c) R$ 420.000,00.

d) R$ 410.000,00.

39. (CESPE - SEFAZ-DF - Auditor Fiscal – 2020) A respeito das demonstrações contábeis, julgue o item que se segue.

A demonstração do valor adicionado apresenta as riquezas criadas pela entidade em determinado período e a forma como foram pagas, a exemplo de valores destinados à quitação de impostos, taxas e contribuições.

( ) Certo

( ) Errado

40. (CESPE – EBSERH – Analista Administrativo – Contabilidade – 2018) Julgue o item seguinte, a respeito da elaboração das demonstrações contábeis segundo os pronunciamentos do CPC e a legislação vigente.

Uma empresa que tenha adquirido insumos de terceiros para seu processo produtivo deve apresentar esses valores na seção da demonstração do valor adicionado destinada à demonstração da riqueza criada pela entidade.

( ) Certo

( ) Errado

41. (CESGRANRIO – Transpetro – Contador Júnior – 2018) O quadro abaixo apresenta a estrutura para elaboração da Demonstração do Valor Adicionado:

1 – Receitas

2 – Insumos adquiridos de terceiros

3 – Valor adicionado bruto

4 – Retenções

5 -Valor adicionado líquido produzido pela entidade

6 – Valor adicionado recebido em transferência

7 – Valor adicionado total a distribuir

8 – Distribuição do valor adicionado

Considerando essa estrutura de itens e as orientações do CPC 09, os valores relativos a depreciações e amortizações devem ser

a) apresentados como retenção de riqueza.

b) apresentados como redutores do valor adicionado recebido em transferência.

c) apresentados de forma adicional aos insumos adquiridos de terceiros.

d) alocados de forma dedutiva após o item valor adicionado a distribuir.

e) alocados apenas na DRE, pois não afetam a riqueza gerada pela entidade.

42. (CESGRANRIO - Petrobras - Contador Júnior - 2018) Segundo o Pronunciamento Técnico CPC 09, a Demonstração do Valor Adicionado é formada por duas partes: a primeira, responsável por apresentar de forma detalhada a riqueza criada pela entidade, e a segunda, que apresenta de forma detalhada como a riqueza obtida pela entidade foi distribuída.

Associe os principais componentes da segunda parte da DVA com as informações que constam em cada componente e que estão apresentadas a seguir.

I – Pessoal II – Impostos, Taxas e Contribuições III – Remuneração de Capital de Terceiros IV – Remuneração de Capital Próprio

P – Aluguéis Q – Lucros Retidos R – Imposto de Renda de Pessoa Jurídica S – Energia Elétrica T – 13o Salário

As associações corretas são:

a) I – P , II – R , III – S , IV – T

b) I – R , II – Q, III – P , IV – T

c) I – R , II – Q , III – S , IV – T

d) I – T , II – R , III – P , IV – Q

e) I – T , II – R , III – S , IV – Q

43. (CESPE - SLU-DF - Analista de Gestão de Resíduos Sólidos - Ciências Contábeis - 2019) Julgue o próximo item, relativos a demonstrações financeiras, seu conteúdo e sua apresentação.

Na demonstração do valor adicionado de empresas públicas e de empresas de economia mista, os juros sobre o capital próprio devem ser apresentados como distribuição de riqueza ao governo.

( ) Certo

( ) Errado

44. (INSTITUTO - PC-ES - Perito Oficial Criminal - Área 1 - 2019) Na Demonstração do Valor Adicionado (DVA), as variações cambiais ativas serão classificadas como

a) receitas.

b) insumos adquiridos de terceiros.

c) remuneração de capital próprio.

d) valor adicionado recebido em transferência.

e) remuneração de capital de terceiros.

45. (IF-ES - IF-ES - Técnico em Contabilidade - 2019) A demonstração do valor adicionado (DVA) evidencia o valor da riqueza gerada pela entidade, a sua distribuição entre os elementos que contribuíram para a geração dessa riqueza, bem como a parcela da riqueza não distribuída. Estão entre os elementos que recebem a distribuição da riqueza da entidade, EXCETO:

a) Empregados.

b) Concorrentes no setor de atuação.

c) Financiadores internos / sócios (capital próprio).

d) Governo.

e) Financiadores externos / credores (capital de terceiros).

46. (IADES - AL-GO - Contador - 2019) A demonstração do valor adicionado (DVA) de uma entidade evidenciou que a riqueza gerada no exercício, no montante de R$ 2,5 milhões, foi distribuída na seguinte proporção:

- Pessoal 40%; – Impostos, taxas e contribuições 25%;
- Remuneração de capitais de terceiros 20%; e
- Remuneração de capitais próprios 15%.

Sabendo-se que o valor adicionado líquido produzido pela entidade, isto é, as receitas de vendas menos os insumos adquiridos de terceiros e a depreciação, a amortização e a exaustão, totalizou R$ 1,9 milhão, o valor adicionado recebido em transferência foi

a) R$ 375 mil

b) R$ 600 mil

c) R$ 500 mil

d) R$ 2,5 milhões

e) R$ 4,4 milhões

47. (INSTITUTO AOCP - Prefeitura de Cariacica - ES - Fiscal de Tributos Municipais - 2020) Foram registradas as seguintes informações para a composição e a elaboração da Demonstração do Valor Adicionado (DVA) de uma sociedade anônima:

Despesas com salários e encargos sociais: ....R$ 5.000,00

Vendas de mercadorias, produtos e serviços: ....R$ 80.000,00

Remuneração de capitais de terceiros: ....R$ 1.000,00

Custo dos produtos, das mercadorias e dos serviços vendidos: ....R$ 60.000,00

Materiais, energia, serviços de terceiros e outros: ....R$ 6.000,00

Impostos, taxas e contribuições: ....R$ 8.000,00

Depreciação, amortização e exaustão: ....R$ 1.400,00

Variação cambial ativa: ....R$ 1.700,00

Receita financeira: ....R$ 1.200,00

Remunerações de capitais próprios: ....R$ 1.500,00

Com base no exposto, é correto afirmar que o Valor Adicionado Líquido da sociedade será de

a) R$ 11.200,00.

b) R$ 12.600,00.

c) R$ 14.000,00.

d) R$ 15.500,00.

48. (MPU- Analista do MPU - Atuarial - CESPE - 2015) - Com relação à divulgação e análise das demonstrações contábeis, julgue o próximo item:

Os recursos aplicados na construção de ativos para uso da entidade correspondem a fato permutativo do ativo e não serão evidenciados na demonstração do valor adicionado (DVA).

( ) Certo

( ) Errado

49. (TJ-RO - Contador - FGV - 2015) - A Demonstração do Valor Adicionado (DVA) apresenta o quanto a entidade agrega de valor aos insumos adquiridos de terceiros e que são vendidos ou consumidos durante o período. Da mesma maneira que na Demonstração do Resultado do Exercício (DRE), na DVA:

a) as receitas de venda de mercadorias, produtos e serviços não incluem os tributos incidentes sobre essas receitas;

b) os ganhos oriundos de baixas de imobilizado por alienação são considerados como receitas;

c) a construção de ativos para uso próprio é considerada como uma receita;

d) os gastos com pessoal próprio são incluídos no custo dos produtos, das mercadorias e dos serviços vendidos;

e) os juros sobre recursos obtidos junto a terceiros incorridos no período incluem os valores que tenham sido capitalizados.

50. (TCE-RO - Contador - CESPE - 2013) – Despesas de juros, inclusive as variações cambiais passivas, são consideradas distribuição de riqueza, sendo classificadas na DVA como remuneração de capitais de terceiros.

( ) Certo

( ) Errado

51. (TCE-RO - Contador- CESPE - 2013) - Os resultados da equivalência patrimonial, as receitas financeiras e as receitas de aluguéis são itens que compõem o valor adicionado líquido produzido pela entidade.

( ) Certo

( ) Errado

52. (ABIN – Oficial Técnico de Inteligência – Área de Ciências Contábeis - CESPE - 2010) – Apesar de ser elaborada a partir da demonstração do resultado do exercício, DVA tem uma interface com a demonstração dos lucros ou prejuízos acumulados (DLPA), na medida em que ambos os demonstrativos dizem respeito à distribuição do resultado do período.

( ) Certo

( ) Errado

53. (CGE-MA - Auditor - FGV - 2014) - A Demonstração do Valor Adicionado deve proporcionar aos usuários das demonstrações contábeis informações relativas à riqueza criada pela entidade em determinado período e a forma como tais riquezas foram distribuídas.

Assinale a alternativa que apresenta, na elaboração da DVA, exemplos de valor adicionado recebido em transferência.

a) Aluguel recebido e reversão da provisão por crédito de liquidação duvidosa.

b) Royalties recebidos e reconhecimento do valor justo de ativos biológicos.

c) Dividendos recebidos e receita da venda de ativo imobilizado.

d) Juros sobre capital próprio recebidos e lucro com a venda de ativo imobilizado.

e) Juros recebidos em aplicações financeiras e resultado de equivalência patrimonial.

54. (SEGESP-AL - Perito Criminal - CESPE - 2013) - Com base na legislação societária, nos princípios fundamentais de contabilidade e nos pronunciamentos contábeis do Comitê de Pronunciamentos Contábeis (CPC), julgue o item subsequente, referente à elaboração de demonstrações contábeis.

O valor do prejuízo do exercício integra o item remuneração do capital próprio da demonstração do valor adicionado.

( ) Certo

( ) Errado

55. (Transpetro - Contador Júnior - CESGRANRIO - 2011) - A Demonstração do Valor Adicionado (DVA) é formada, basicamente, por duas partes, sendo que, na primeira parte, deve apresentar a riqueza criada pela entidade, incluindo, em seu detalhamento, a receita de vendas de mercadorias, produtos e serviços. As vendas de produtos pelas empresas industriais devem ser demonstradas na DVA pelo valor da(s).

a) receita bruta ou do faturamento bruto

b) vendas menos o ICMS e o IPI a recuperar

c) vendas menos o ICMS a recuperar

d) vendas menos o IPI a recuperar

e) vendas líquidas

56. (MPU- Analista do MPU - Atuarial - CESPE - 2015) – Com relação à divulgação e análise das demonstrações contábeis, julgue o próximo item:

Os recursos aplicados na construção de ativos para uso da entidade correspondem a fato permutativo do ativo e não serão evidenciados na demonstração do valor adicionado (DVA).

( ) Certo

( ) Errado

57. (MPU- Analista do MPU - CESPE - 2015) – De acordo com as normas emitidas pelo Comitê de Pronunciamentos Contábeis, julgue o item a seguir, relativos às demonstrações contábeis.

As receitas de venda de mercadorias, produtos e serviços de uma indústria devem incluir, na demonstração do valor adicionado, os valores dos tributos incidentes sobre as referidas receitas

( ) Certo

( ) Errado

58. (FUB - Contador - CESPE - 2015) – Julgue o item a seguir, com relação aos fatos descritos e seus efeitos nas demonstrações contábeis, elaboradas conforme a Lei nº 6.404/76 (e alterações posteriores) e os pronunciamentos técnicos do Comitê de Pronunciamentos Contábeis (CPC).

O reconhecimento de amortização, depreciação e exaustão aumenta o valor adicionado líquido produzido pela entidade.

( ) Certo

( ) Errado

59. (ANTT - Especialista em Regulação de Serviços de Transportes Terrestres - CESPE - 2013) – Julgue o seguinte item, relativo às demonstrações contábeis previstas na Lei das Sociedades por Ações e nos pronunciamentos do CPC.

Para fins de levantamento da demonstração de valor adicionado, o valor do FGTS deverá integrar o valor distribuído aos empregados (pessoal), mas o valor da cota patronal do INSS deverá integrar o montante de impostos, taxas e contribuições.

( ) Certo

( ) ErradoParte inferior do formulário

60. (FCC - Agente de Fiscalização Financeira - TCE-SP - 2012) - Na elaboração da Demonstração do Valor Adicionado, de elaboração obrigatória, a partir de 1o de janeiro de 2008, para as companhias abertas,

a) a receita financeira recebida pela entidade deve ser computada na apuração do Valor Adicionado Bruto.

b) o valor dos insumos adquiridos pela companhia deve ser registrado pelo seu custo de aquisição total, sendo incluídos neste os tributos incidentes sobre a sua compra, sejam recuperáveis ou não.

c) no cômputo do Valor Adicionado Bruto, devem ser excluídos os valores relativos à depreciação dos bens classificados no Ativo Imobilizado.

d) os valores de tributos devidos pela companhia devem integrar a parcela do Valor Adicionado distribuída ao Governo, sem a compensação de eventuais créditos tributários classificados como tributos a recuperar.

61. (CESPE - MPU - Técnico de Apoio Especializado - Controle Interno - 2010) Com as mudanças na legislação societária, a estrutura de algumas demonstrações contábeis modificou- se; foram incluídos, por exemplo, demonstrativos financeiros que não estavam previstos como obrigatórios anteriormente. Acerca desse assunto, julgue os itens subsequentes.

A contabilização de perda de valores ativos, para fins de elaboração da DVA, proporciona redução do valor adicionado recebido em transferência.

( ) Certo

( ) Errado

62. (CONSULPLAN - 2020 - CFC) A demonstração do valor adicionado divide-se em duas partes: a demonstração da geração do valor adicionado bruto gerado pela empresa e a segunda parte do modelo de distribuição do valor adicionado, ou seja, apresenta a forma como a riqueza gerada está sendo distribuída pelos agentes econômicos. A demonstração do valor adicionado é composta pelas seguintes informações; analise-as.

I. Provisão para devedores duvidosos – reversão / constituição – exceto os valores relativos à constituição e baixa de provisão para devedores duvidosos.

II. Valores considerados fora das atividades principais da empresa, tais como: ganhos ou perdas na baixa de imobilizados, ganhos ou perdas na baixa de investimentos.

III. Insumos adquiridos de terceiros como matérias-primas consumidas (incluídas nos Custos de Produtos Vendidos).

IV. Insumos adquiridos de terceiros como materiais, energias de terceiros e outros (excluídos os valores relativos às despesas originadas da utilização desses bens, utilidades e serviços adquiridos junto a terceiros).

V. Vendas de mercadorias, produtos e serviços – com os valores do ICMS e IPI incidentes sobre essas receitas incluídos, ou seja, correspondentes à receita bruta ou faturamento bruto.

Estão corretas apenas as afirmativas

A) I e IV.

B) II e IV.

C) I, III e V.

D) II, III e V.

63. (Instituto Access - Câmara de Orizânia - MG - Contador - 2020) – A empresa Valorando S/A apresentou a seguinte Demonstração do Resultado do Exercício (DRE) em 31/12/2019:

Receita Bruta de Vendas 150.000,00

(-) ISS (4.500,00)

(=) Receita Líquida de Vendas 145.500,00

(-) Custo dos Serviços Vendidos (83.500,00)

(=) Lucro Bruto 62.000,00

(–) Despesas com pessoal (27.500,00)

(–) Depreciação (3.500,00)

(–) Água e Luz (500,00)

(–) Telefone (1.000,00)

(–) Internet (1.500,00)

(–) Despesas Financeiras (4.200,00)

(–) Receitas Financeiras (6.200,00)

(=) Lucro antes do IR e CSLL 30.000,00

(–) Provisão IR e CSLL (6.000,00)

(=) Lucro Líquido do Exercício 24.000,00

Com base nas informações apresentadas na DRE, a empresa elaborou a Demonstração do Valor Adicionado (DVA), cujo valor e percentual de remuneração retida correspondeu a:

A) 4.200,00; 6,34%.

B) 10.500,00; 15,86%.

C) 24.000,00; 36,25%.

D) 27.500,00; 41,54%.

E) 30.000,00; 45,32%.

Capítulo 5

ESTUDO DE CASO DAS MAIORES EMPRESAS DE ENERGIA DO PAÍS

5.1 Introdução

Este capítulo apresenta a análise das demonstrações de valor adicionado das 20 (vinte) maiores empresas de energia do país delimitadas nos segmentos de: óleo combustível, gás natural e energia elétrica, observadas no período de 2008 a 2019, tendo como objetivo indicar a distribuição de riqueza de cada agente econômico, em especial o governo, e suas variações ocorridas no cenário macroeconômico. Além disso, apresentaremos a evolução da matriz energética do país ao longo do período em estudo.

A matriz energética brasileira foi sofrendo alterações cruciais com o processo de expansão da industrialização no país. Até a década de 40, a maior parte da energia produzida tinha como fonte a lenha e o carvão vegetal, sendo pequena a participação de outras fontes (ANDRADE; MATTEI, 2013).

Esse cenário começou a ser modificado substancialmente a partir da década de 50, com a inclusão das energias modernas, em especial do petróleo e a eletricidade. Aos poucos o petróleo se consolida como o principal insumo energético, culminando com seu ápice na década de 70, quando passa a responder por aproximadamente 45% dos insumos energéticos do país (ANDRADE; MATTEI, 2013).

Essa mudança no cenário contou com o papel do Estado, o qual atuou como ordenador, financiador e produtor no processo de industrialização do país, com destaque para o setor energético. Neste caso, os esforços realizados foram no sentido de ampliar oferta interna de petróleo e seus derivados e de energia hidrelétrica. Calabi *et al* (1983).

Neste contexto, ocorreram muitas regulamentações no país, sendo criada a figura do produtor independente através do Decreto

Nº 1.717/95 que prorrogou as concessões e em seguida foi instituído a Agencia Nacional de Energia Elétrica - ANEEL, através da lei Nº 9.427/96, com objetivo de garantir a necessidade futura de energia, liberdade de competição nas concessões e maior qualidade de serviços prestados para o consumidor (GANIM, 2009).

Já em 2004, deu-se início a mais uma regulamentação, que culminou em um novo modelo de comercialização de energia elétrica o chamado Ambiente de Contratação Livre - ACL, no qual ocorrem as operações de compra e venda de energia mediante leilão (GANIM, 2009).

Sendo assim, em 2008, a ANEEL apresentou uma divisão tríplice dos setores de indústria de energia no país: a) petróleo; b) gás natural; c) energia elétrica. Logo, nesta obra adotamos esta divisão, sendo que no segmento de energia elétrica devido a sua importância no país, subdividimos em: distribuição de energia elétrica e geração/comercialização de energia elétrica (AGÊNCIA NACIONAL DE ENERGIA ELÉTRICA, 2008).

Portanto, na próxima seção analisaremos as variações ocorridas dos agentes econômicos no período de 2008 a 2019, por meio da DVA, utilizando as ferramentas gerenciais com o intuito de entender as tendências de distribuições das riquezas das maiores empresas de energia do país.

5.2 Análise da DVA por Agentes Econômicos

Nesta fase da pesquisa, este livro traz à tona a importância da DVA como instrumento de medição da distribuição da riqueza gerada pelas empresas e com o objetivo de tornar essa informação útil e acessível, não só para os gestores como para toda sociedade, e a partir dos dados extraídos desse relatório foi possível evidenciar através das análises gerenciais como foi distribuída a riqueza entre os agentes econômicos.

A figura 4 ilustra a análise dos dados obtidos da DVA, na qual conseguimos observar que a maior parcela da riqueza distribuída pelas empresas em estudo foi para o Agente Econômico - Governo, restando uma parcela menor para os Demais Agentes Econômicos no período de 2008 a 2019.

Figura 4 – Distribuição do Valor Adicionado das empresas de energia do país

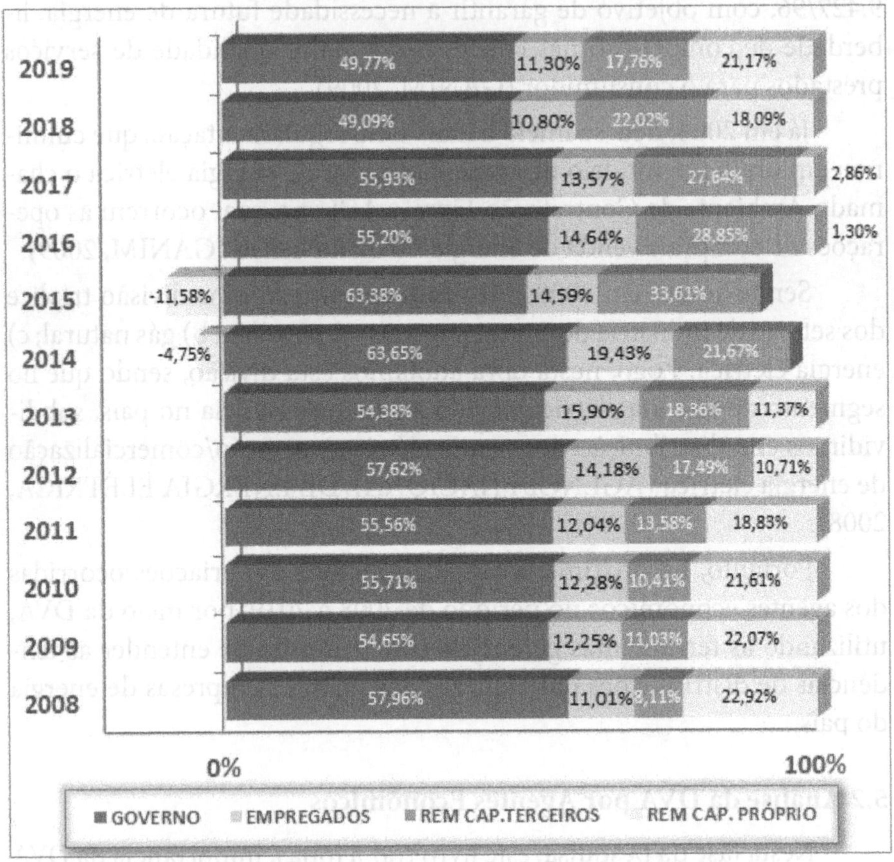

Fonte: Adaptado de Comissão de Valores Mobiliarios (CVM, 2020).

Ainda na figura 4 evidenciamos, que durante todo o período em estudo, o agente governamental sempre ficou com a maior riqueza distribuída pelas empresas de energia do país. Esta riqueza refere-se à arrecadação dos tributos em todas as esferas dos órgãos públicos.

Quanto aos outros agentes econômicos, percebe-se que a parcela destinada aos empregados obteve um crescimento no período de 2012 a 2014 atingindo um patamar de 19,43% e chegando ao final de 2019 com média de 11,30%, retornando ao patamar inicial do estudo.

Já o agente econômico, remuneração de terceiros, representado na DVA pelas contas contábeis mais relevantes dessa rubrica Juros e

Aluguéis, apresentou um forte crescimento em 2015, passando a ser a segunda maior distribuição de riqueza neste ano, com o percentual de 33,61%, este fato ocorreu em um ano atípico com cenário macroeconômico de retração nas vendas de energia, aliado a uma instabilidade política e das incertezas do ajuste fiscal, levou a uma redução no rendimento médio da população, prejudicando o desempenho do comércio e da indústria. Como consequência, muitas empresas aumentaram seu endividamento para conter suas perdas e com isso ocorreu um aumento no custo nominal da dívida impactando diretamente na rubrica de capitais de terceiros. Nos períodos posteriores, há uma tendência de normalidade chegando ao final do estudo com um percentual de 17,76%, ilustrada na figura 4.

Na contramão desse crescimento, vem a parcela destinada aos acionistas - (Remuneração de Capital Próprio) que demonstrou uma queda nos exercícios de 2014 e 2015. Esta queda deve-se ao prejuízo obtido pelas companhias CENTRAIS ELET BRAS S.A. - ELETROBRAS no valor de R$ 2,9 bilhões e da PETROBRAS S.A que atingiu um prejuízo de R$ 21,6 bilhões em 2015, impactando assim negativamente este indicador.

Após o término das análises dos agentes econômicos, com a utilização da ferramenta gerencial, concluímos que a maior parcela da distribuição da riqueza foi destinada ao Governo.

Nesse enfoque, na próxima seção será analisado o Agente Econômico - Governo separadamente, com o intuito de observar e entender o comportamento da distribuição dessa riqueza para este agente, entre os segmentos do setor energético do país no período em estudo. Portanto, os autores utilizarão de uma ferramenta de análise gerencial com base na proporção para comprovar se o Agente Econômico - Governo obteve uma parcela superior ao somatório das riquezas distribuídas para os Demais Agentes Econômicos.

5.3 Análise dos dados do Agente Econômico - Governo

Nesta seção, analisaremos o impacto da distribuição das riquezas para o Agente Econômico - Governo nos segmentos do setor energético do país, conforme classificação da Revista Exame: Melhores e Maiores as 1000 maiores empresas do Brasil, no período de 2008 a 2019.

Figura 5 – Distribuição das maiores empresas de energia do país por segmento no período de 2008 a 2019.

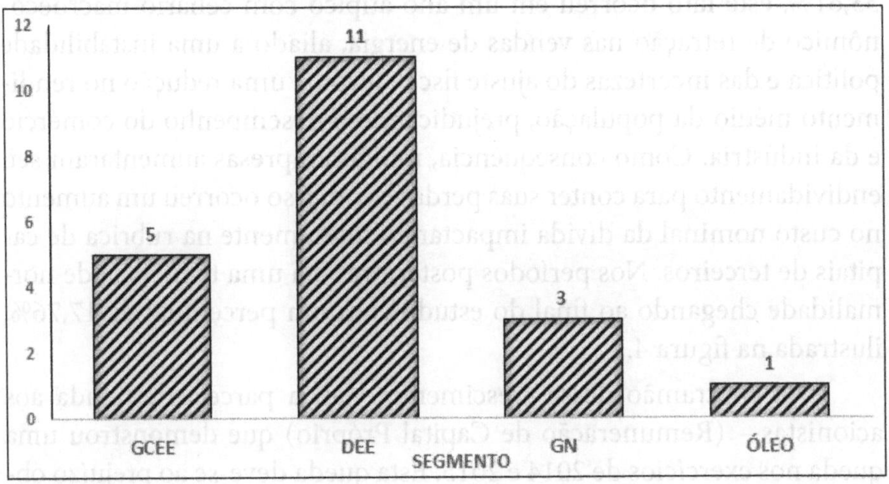

Fonte: Adaptado de BM&IBOVESPA (2020).

Ao observar a figura 5, a distribuição das maiores companhias do setor energético do país que constam na presente obra ficou segregada da seguinte forma: cinco (5) companhias no segmento de Geração e Comercialização de Energia Elétrica - GCEE, onze (11) no segmento de Distribuição de Energia Elétrica - DEE, três (3) no segmento de Gás Natural - GN e por fim temos uma (1) empresa representando o segmento de Óleo Combustível - ÓLEO, no período em epigrafe.

Logo, nessa seção, isolamos os dados do Agente Econômico - Governo, gerado pelas empresas em estudo para verificar seu comportamento na distribuição de riqueza por segmento no período de 2008 a 2019.

Analisando comportamento específico dessa base de dados (Agente Econômico - Governo) em valores absolutos, constatamos que existe uma concentração de riqueza no setor de óleo conforme ilustra a figura 6.

Figura 6 – Distribuição da riqueza gerada por segmento no período de 2008 a 2019.

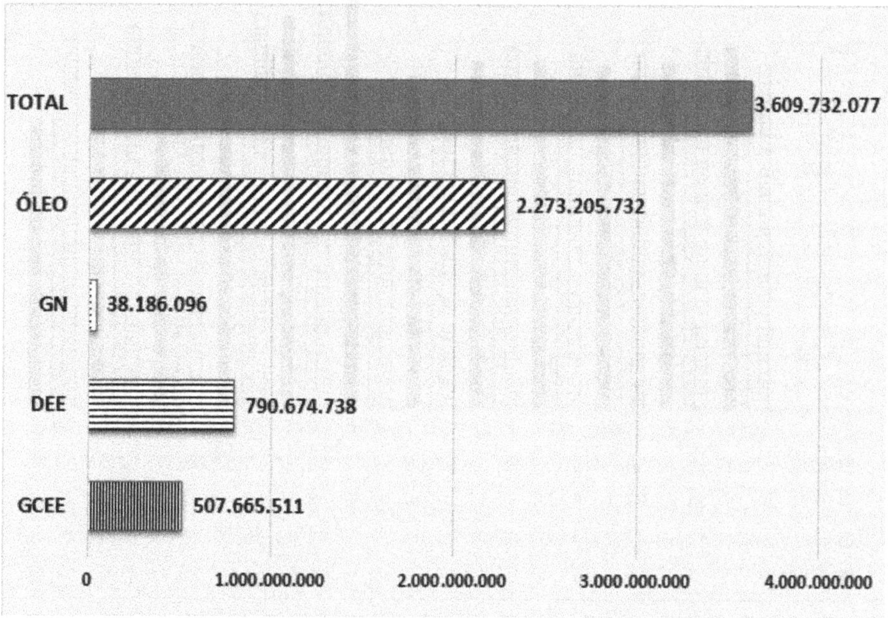

Fonte: Adaptado de Comissão de Valores Mobiliarios (CVM, 2020).

Ao observar a figura 6, verificamos uma concentração dos valores no segmento de óleo, na qual é representado apenas por uma empresa, sendo esta responsável por aproximadamente 63% da riqueza distribuída para o agente econômico - Governo. Os demais geraram riquezas nas seguintes proporções: gás natural (GN) aproximadamente 1%, distribuição de energia elétrica (DEE) aproximadamente 22% e geração e comercialização de energia elétrica (GCEE) aproximadamente 14%. Logo, fez-se necessário efetuar uma nova análise do comportamento dos segmentos através dos valores relativos, isto é, índices obtidos através da média, como demonstra a figura 7.

Figura 7 – Distribuição da riqueza para o Agente Econômico – Governo em percentual

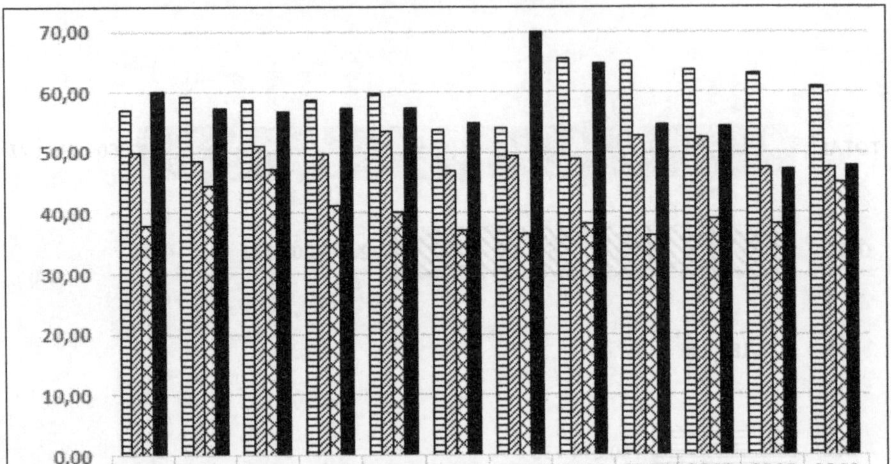

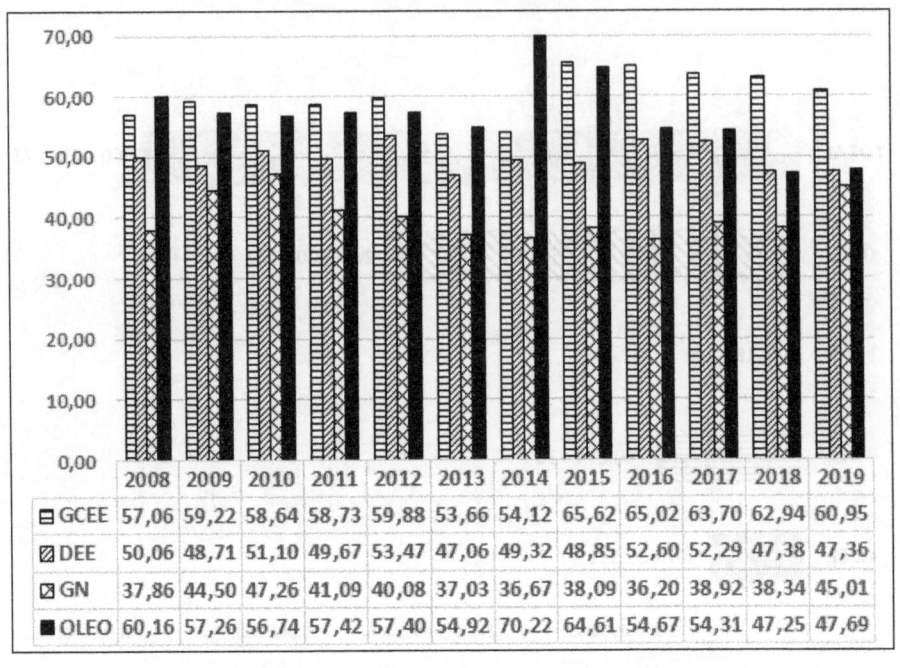

	2008	2009	2010	2011	2012	2013	2014	2015	2016	2017	2018	2019
GCEE	57,06	59,22	58,64	58,73	59,88	53,66	54,12	65,62	65,02	63,70	62,94	60,95
DEE	50,06	48,71	51,10	49,67	53,47	47,06	49,32	48,85	52,60	52,29	47,38	47,36
GN	37,86	44,50	47,26	41,09	40,08	37,03	36,67	38,09	36,20	38,92	38,34	45,01
OLEO	60,16	57,26	56,74	57,42	57,40	54,92	70,22	64,61	54,67	54,31	47,25	47,69

Fonte: Adaptado de Comissão de Valores Mobiliarios (CVM, 2020).

Nessa observação dos valores relativos ilustrados na figura 7, verificamos que a disparidade encontrada na figura anterior teve uma redução considerável utilizando os índices do agente governamental. Concluímos que a melhor análise a ser utilizada é com os valores relativos (índices) pela proximidade dos seus resultados, uma vez que os valores absolutos por segmento não se mostraram eficientes para continuidade dos estudos. Sendo assim, seguiremos com a distribuição de riqueza através da análise dos valores relativos com o auxílio da ferramenta estatística para validação dos resultados.

5.3.1 Análise por segmento do Agente Econômico - Governo

Nessa subseção, abordaremos os desenhos dos principais produtos fornecidos pelas empresas em estudo, com uma análise econômica dos fatos ocorridos com as empresas em seus segmentos no período de 2008 a 2019, a partir das informações coletadas, utilizando a ferramenta gerencial para concluirmos o nosso estudo.

5.3.1.1 Análise do segmento DEE (Distribuição de Energia Elétrica)

O primeiro segmento a ser apresentado é a energia elétrica, que é uma forma de produzir energia em diferentes potenciais elétricos. Este segmento está dividido em dois: Distribuição de energia elétrica e Geração/Comercialização de energia elétrica. (AES ELETROPAULO, 2015).

O segmento a ser analisado neste momento é o de distribuição de energia elétrica que é responsável por receber a energia em alta tensão do sistema interligado de transmissão, rebaixá-la a níveis comerciais e levar ao consumidor final. Essa distribuição é conectada à rede elétrica de uma determinada empresa de distribuição, podendo ser aérea, por postes, ou por dutos subterrâneos com cabos ou fios. (AES ELETROPAULO, 2015).

Neste segmento, são estudadas no presente trabalho a geração de riqueza das onze maiores empresas do país no setor energético de acordo com a Revista Exame: Melhores e Maiores as 1000 maiores empresas do Brasil, listadas na tabela 3.

Tabela 3 – Geração de riqueza das empresas de energia do segmento de Distribuição de energia elétrica de capital aberto

R$ Mil

EMPRESAS	ELETROPAULO	AMPLA	ELETROBRAS	COELBA	CTEEP	EDP	ELEKTRO	LIGHT AS	TRACTEBEL	T. ALIANÇA	ULTRA PAR	TOTAL
Tipo de Capital	Aberto	Aberto	Aberto	Aberto	Aberto	Aberto	Aberto	Aberto	Aberto	Aberto	Aberto	
2008	5.982.807	2.345.069	14.043.572	6.563.983	1.522.011	3.678.969	1.961.600	4.621.541	2.757.564	496.085	2.277.285	46.250.486
2009	6.537.993	2.543.377	15.440.138	3.158.096	1.842.355	3.769.279	2.300.200	4.609.936	2.606.192	787.875	2.531.138	46.126.579
2010	7.345.315	2.433.882	16.004.206	3.489.637	1.721.493	4.285.010	2.362.373	5.084.931	3.171.494	829.004	3.237.675	49.965.020
2011	8.086.851	2.552.711	17.716.825	3.459.113	2.196.841	4.270.459	2.676.807	4.864.881	3.581.646	1.024.314	3.381.464	53.811.912
2012	5.952.955	3.119.288	6.160.136	3.673.013	2.290.798	4.236.156	2.454.453	5.541.128	3.647.170	1.357.657	3.679.258	42.112.012
2013	4.715.348	2.719.259	8.973.094	3.171.299	531.258	3.923.812	1.919.334	5.296.979	3.681.424	1.630.149	4.265.563	40.827.519
2014	4.674.326	2.641.020	13.486.320	3.650.740	1.053.371	4.580.601	2.557.982	6.294.856	3.685.023	1.799.090	4.967.299	49.390.628
2015	11.978.826	4.231.026	19.951.059	6.766.238	1.325.190	8.995.375	4.819.900	9.327.182	3.482.752	1.856.873	6.077.704	78.812.125
2016	10.045.119	3.988.136	43.633.371	6.237.886	8.773.170	7.306.580	4.018.251	8.674.344	3.578.932	1.694.126	6.389.679	104.339.594
2017	9.858.822	3.959.666	24.521.165	5.480.622	2.840.303	6.865.646	3.837.761	9.111.367	3.753.364	1.253.249	6.958.432	78.440.397
2018	10.536.438	4.995.170	43.393.458	7.548.021	3.617.200	8.208.260	5.377.741	10.232.687	4.219.697	1.790.727	6.651.426	106.570.825
2019	11.454.207	4.998.727	29.277.475	7.605.789	3.609.142	7.607.157	5.463.930	11.480.791	4.524.741	1.824.592	6.181.090	94.027.641
TOTAL	97.169.007	40.527.331	252.600.819	60.804.437	31.323.132	67.727.304	39.750.332	85.140.623	42.689.999	16.343.741	56.598.013	790.674.738

Fonte: Adaptado de Comissão de Valores Mobiliarios (CVM, 2020).

Como podemos observar na tabela 3, as empresas desse segmento tiveram uma geração de riqueza em torno de R$ 791 bilhões no período analisado. Portanto, para entender melhor como foi distribuída a riqueza desse segmento, segregamos as 11 (onze) empresas em dois grupos, o primeiro Agente Econômico - Governo que arrecadou aproximadamente R$ 390 bilhões e segundo Outros Agentes Econômicos com R$ 401 bilhões, como pode ser visualizada na figura 8.

Figura 8 – Distribuição de riqueza das empresas de energia no segmento de Distribuição de Energia Elétrica

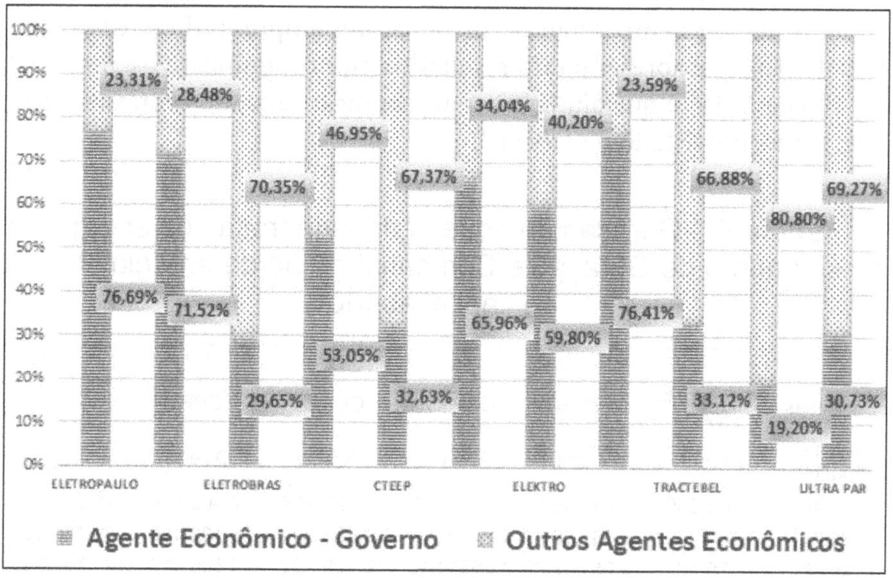

Fonte: Adaptado de Comissão de Valores Mobiliarios (CVM, 2020).

Ao analisar a figura 8, verificamos uma oscilação dos percentuais entre os grupos: se observados de forma isolada demonstram que neste segmento de distribuição de energia, da distribuição da riqueza gerada pelas 11 (onze) empresas, considerando a média aritmética dos % encontrados, aproximadamente 49,4% da riqueza gerada ficou com o Agente Econômico Governo e a outra parte com os Outros Agentes Econômicos.

5.3.1.2 Análise do segmento GCEE (Geração e Comercialização de Energia Elétrica)

Ainda no contexto elétrico, o próximo segmento a ser conceituado é a Geração e Comercialização de Energia Elétrica. Este realiza operações de compra e venda de energia no mercado livre, é feito por meio de contratos livremente negociados entre o consumidor e o comercializador. Ao contrário do ambiente cativo, no mercado livre, o consumidor escolhe o seu fornecedor de energia, com possibilidade de redução de custos na contratação. Esse mercado está estruturado com regras e procedimentos de comercialização definidos pela Câmara de Comercialização de Energia Elétrica (CCEE) (CPFL ENERGIA, 2015).

Neste segmento, estão as cinco maiores empresas do setor energético do país que apresentaram resultados muito significativos, no período 2008 a 2019, e que ajudaram a aumentar o caixa dos entes federativos, conforme listado na tabela 4.

Tabela 4 – Geração de riqueza das empresas de energia do segmento de Geração e Comercialização de energia elétrica de capital aberto

						R$ Mil
Empresas	AES TIETE S.A.	CELESC	CEMIG	COPEL	CPFL	TOTAL
Tipo de Capital	Aberto	Aberto	Aberto	Aberto	Aberto	
2008	1.403.539	3.047.452	11.703.916	5.423.104	7.408.500	**28.986.511**
2009	1.287.052	2.565.092	12.269.294	5.403.321	8.182.186	**29.706.945**
2010	1.376.423	3.051.190	12.554.816	6.129.291	8.686.175	**31.797.895**
2011	1.586.707	3.531.017	14.061.980	7.194.290	9.832.484	**36.206.478**
2012	1.668.311	3.063.485	16.689.950	7.459.930	9.388.373	**38.270.049**
2013	1.636.903	2.860.034	11.567.562	6.608.123	7.876.452	**30.549.074**
2014	1.020.127	3.895.517	13.208.882	7.860.056	8.766.905	**34.751.487**
2015	1.528.934	6.510.206	18.165.116	14.456.447	17.344.853	**58.005.556**
2016	1.053.758	5.557.689	14.753.814	12.748.363	15.830.444	**49.944.068**
2017	1.026.352	5.789.246	15.049.884	11.772.831	17.313.396	**50.951.709**
2018	1.152.115	6.189.384	17.342.952	13.364.990	18.961.962	**57.011.403**
2019	1.149.982	6.404.512	19.394.352	14.103.829	20.431.661	**61.484.336**
TOTAL	**15.890.203**	**52.464.824**	**176.762.518**	**112.524.575**	**150.023.391**	**507.665.511**

Fonte: Adaptado de Comissão de Valores Mobiliários (CVM, 2020).

Conforme a tabela 4, as empresas desse segmento tiveram uma geração de riqueza de aproximadamente R$ 507,6 bilhões no período analisado, obtendo um resultado muito expressivo, mesmo com um cenário de instabilidade no mercado internacional e doméstico, elas conseguiram obter uma geração de riqueza muito aquém do esperado. O ápice dessa riqueza gerada ocorreu no final de 2019 quando atingiu um valor em torno de R$ 61,5 bilhões.

Neste contexto, a distribuição de riqueza dessas empresas foi apresentada em dois grupos: Agente Econômico – Governo arrecadando aproximadamente R$ 328 bilhões e Outros Agentes Econômicos com aproximadamente R$ 180 bilhões, como pode ser visualizada na figura 9.

Figura 9 – Distribuição de riqueza das empresas de energia no segmento de Geração e Comercialização de energia elétrica.

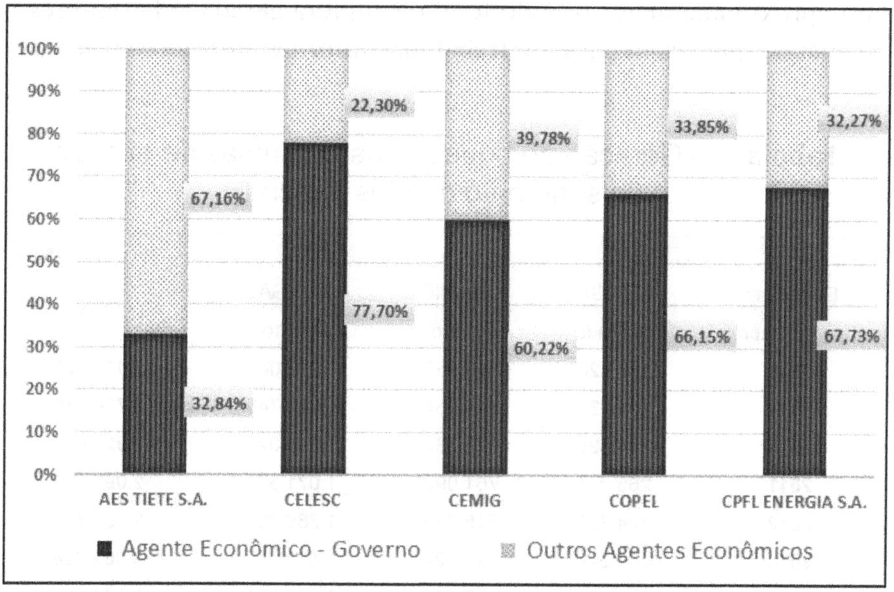

Fonte: Adaptado de Comissão de Valores Mobiliarios (CVM, 2020).

Ao observar a figura 9, percebemos visualmente que existe um predomínio da parcela do Governo. Isto evidencia que em média, o Governo arrecadou aproximadamente 61% da riqueza gerada pelas 5 (cinco) empresas neste segmento e os 39% restante ficaram com Outros Agentes Econômicos.

5.3.1.3 Análise do segmento GN (Gás Natural)

O terceiro produto é o Gás Natural que é um combustível fóssil encontrado na natureza, em reservatórios profundos no subsolo, em conjunto ou não ao óleo. O gás deriva da degradação da matéria orgânica, fósseis de animais e plantas pré-históricas. Seu estado é incolor e inodoro, de queima mais limpa que os demais combustíveis (BAHIAGAS, 2019).

Neste segmento, a distribuição é a última fase, quando ele chega ao consumidor, que pode ser residencial, comercial, industrial ou automotivo, na qual pode ser utilizado como matéria-prima e/ou combustível.

Nesta fase, o gás já deve estar atendendo aos padrões de especificação e isento de contaminantes, para não causar problemas aos equipamentos (ANP, 2015).

Ainda neste contexto, este segmento é representado por três empresas, são elas: BAHIAGAS, CEG RIO e COM GÁS, juntas representam aproximadamente 10% do total de riqueza gerada pelas empresas de energia que fazem parte do trabalho, conforme ilustrado na tabela 5.

Tabela 5 – Geração de riqueza das empresas de energia do segmento de Gás Natural

				R$ Mil
Empresas	BAHIAGAS	CEG RIO	COM GAS	TOTAL
Tipo de Capital	Fechado	Aberto	Aberto	
2008	167.828	548.253	1.355.045	**2.071.126**
2009	191.330	644.954	1.889.746	**2.726.030**
2010	274.426	977.834	1.676.375	**2.928.635**
2011	265.059	761.092	1.071.671	**2.097.822**
2012	224.735	815.385	1.369.067	**2.409.187**
2013	201.647	927.124	1.873.957	**3.002.728**
2014	226.065	897.194	1.924.801	**3.048.060**
2015	242.530	866.857	2.199.377	**3.308.764**
2016	250.450	916.408	2.791.832	**3.958.690**
2017	321.531	1.045.401	2.296.330	**3.663.262**
2018	258.490	834.982	3.131.957	**4.225.429**
2019	270.667	1.121.136	3.354.560	**4.746.363**
TOTAL	**2.894.758**	**10.356.620**	**24.934.718**	**38.186.096**

Fonte: Adaptado de Comissão de Valores Mobiliarios (CVM, 2020).

De acordo com a tabela 5, as empresas desse segmento tiveram uma geração de riqueza em torno de R$ 38,1 bilhões no período analisado, sendo que 65,3% dessa riqueza gerada pertence à empresa COMGAS.

Ainda no cenário econômico, as empresas de gás tiveram um crescimento contínuo no período analisado como demonstrado na tabela 5, esse crescimento deve-se ao momento de escassez hídrica que vem ocorrendo no país e com uma demanda contínua por energia elétrica. O Governo Federal foi obrigado a solicitar o acionamento das usinas termoelétricas que são movidas a gás e como consequência, houve um aumento natural no consumo de gás, impactando positivamente a lucratividade das empresas desse segmento. (GÁS NATURAL FENOSA, 2011).

Prosseguindo a análise dos dados listados na tabela 5, separamos a distribuição dessas riquezas nos seguintes grupos: Agente Econômico – Governo arrecadando aproximadamente R$ 15,3 bilhões e Outros Agentes Econômicos com aproximadamente R$ 22,8 bilhões, como pode ser visualizada na figura 10.

Figura 10 – Distribuição de riqueza das empresas de energia no segmento de Gás Natural.

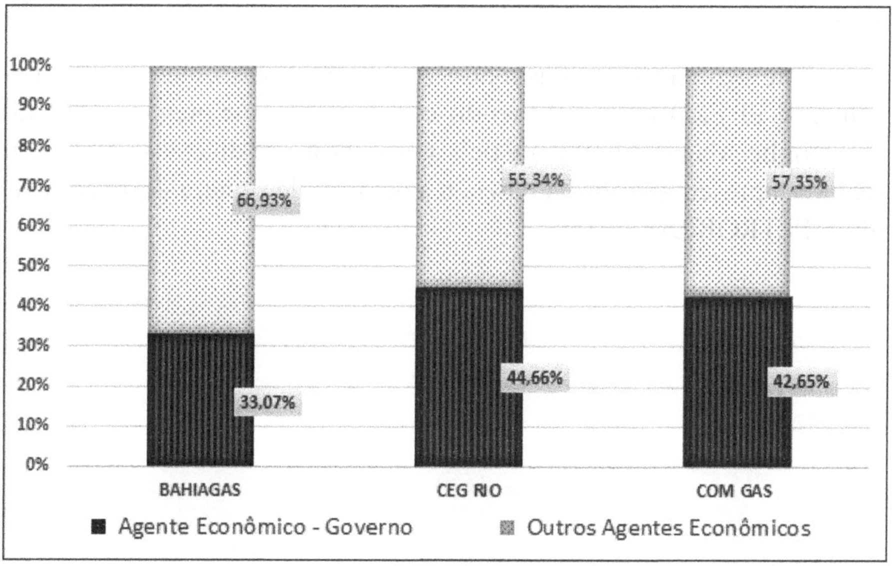

Fonte: Adaptado de Comissão de Valores Mobiliarios (CVM, 2020).

Neste segmento, a figura 10 demonstra que a parcela de outros agentes ficou elevada em relação à parte do governo, diferente do que foi verificado no segmento de GCEE (figura 9). Isto evidencia que neste segmento, o Governo recebeu menos, ou seja, aproximadamente 40%. O restante, aproximadamente 60%, foram para Outros Agentes Econômicos.

5.3.1.4 Análise do segmento Óleo (Óleo Combustível)

Por fim, conceituaremos o produto óleo combustível este é derivado do petróleo, conhecido por óleo combustível pesado ou óleo combustível residual, é remanescente da destilação das frações do petróleo, designadas de modo geral como frações pesadas, obtidas em vários processos de refino. Devido à complexidade da composição dos óleos combustíveis depende não só do petróleo que os originou, como também do tipo de processo e misturas que sofreram nas refinarias (PETROBRAS, 2015).

Muito utilizado na indústria moderna para aquecimento de fornos e caldeiras, ou em motores de combustão interna para geração de calor, os óleos combustíveis subdividem-se em vários tipos, de acordo com sua origem e características (PETROBRAS DISTRIBUIDORA, 2015).

Este segmento é representado, no estudo de caso, apenas por uma empresa: PETROBRAS S.A, sendo esta uma das maiores empresa do país, conhecida mundialmente pela sua atuação em diversos países. Em seguida, apresentaremos na tabela 6 a geração de riqueza desta companhia (PETROBRAS, 2015).

Tabela 6 – Geração de riqueza da empresa de energia no segmento de Óleo Combustível

		R$ Mil
Empresa	PETROBRAS	TOTAL
Tipo de Capital	Aberto	
2008	141.483.416	**141.483.416**
2009	139.234.237	**139.234.237**
2010	158.683.079	**158.683.079**
2011	181.081.000	**181.081.000**
2012	181.789.000	**181.789.000**
2013	193.121.000	**193.121.000**
2014	146.440.000	**146.440.000**
2015	169.931.000	**169.931.000**
2016	193.445.000	**193.445.000**
2017	216.014.000	**216.014.000**
2018	281.097.000	**281.097.000**
2019	270.887.000	**270.887.000**
TOTAL	**2.273.205.732**	**2.273.205.732**

Fonte: Adaptado de Comissão de Valores Mobiliarios (CVM, 2020).

Ao observar a tabela 6, a empresa desse segmento representa a maior geração de riqueza de todo setor de energia do país, sozinha atingiu um valor aproximado de R$ 2,3 trilhões no período analisado, isto representou aproximadamente 63% de toda riqueza gerada no setor de energia.

Sendo assim, dividimos a sua distribuição de riqueza em dois grupos, o primeiro em Agente Econômico - Governo com aproximadamente R$ 1,28 trilhão e segundo em Outros Agentes Econômicos R$ 1,02 trilhão como pode ser visualizada na figura 11.

Figura 11 – Distribuição de riqueza da empresa de energia no segmento de Óleo Combustível.

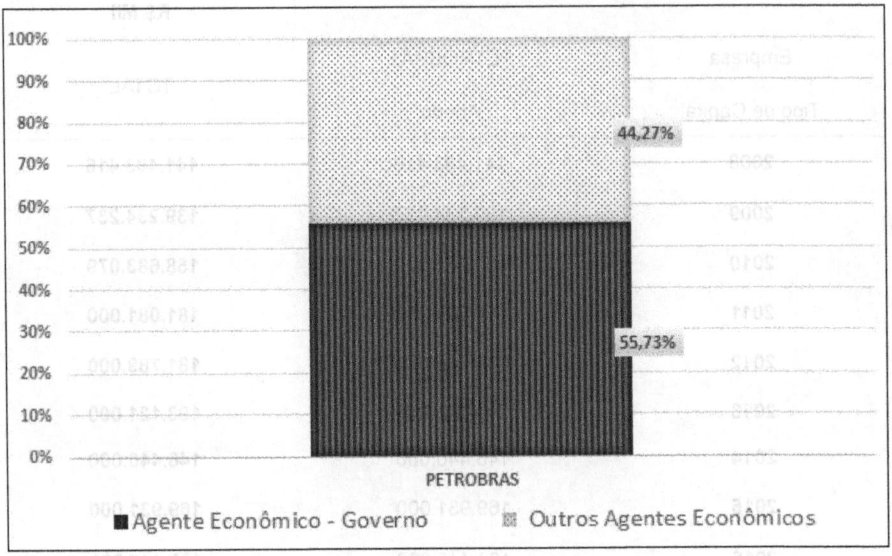

Fonte: Adaptado de Comissão de Valores Mobiliarios (CVM, 2020).

Devido ao tamanho da amostra no segmento de óleo, com apenas uma empresa, na qual a parcela do governo é superior, conforme ilustra a figura 11, representando aproximadamente 56% e o restante de aproximadamente 44% foi direcionado para Outros Agentes Econômicos.

5.4 Conclusão

O estudo dessa obra teve por objetivo avaliar, identificar e apresentar o comportamento da distribuição de riqueza entre os agentes econômicos das maiores empresas do setor energético do país com base na metodologia adotada pela Revista Exame: Melhores e Maiores as 1000 maiores empresas do Brasil, no período de 2008 a 2019. A partir dessas informações, utilizamos os relatórios contábeis das empresas em estudo, em especial DVA, como principal fonte de informação para responder o objetivo dessa obra.

Esse resultado demonstra como o Brasil é um país com elevada tributação, confirmando o que muitas pesquisas já apontam, agora também verificado por meio da DVA das maiores companhias do setor energético do país, conforme evidenciado na tabela 7.

Tabela 7 – Distribuição das riquezas das empresas do setor energético do país por agentes econômicos em % valores absolutos.

SETOR DE ENERGIA						
SEG-MENTO	EMPRESAS	(%)		VALOR (R$ Mil)		TOTAL POR EMPRESA
		GOVERNO	DEMAIS	GOVERNO	DEMAIS	
CDEE	AES ELETROPAU-LO	76,69%	23,31%	74.516.287	22.652.720	97.169.007
CDEE	AMPLA	71,52%	28,48%	28.984.677	11.542.654	40.527.331
CDEE	CENTRAIS ELET BRAS S.A. – ELE-TROBRAS	29,65%	70,35%	74.887.345	177.713.474	252.600.819
CDEE	COELBA	53,05%	46,95%	32.259.231	28.545.206	60.804.437
CDEE	CTEEP – CIA TRANSMISSÃO ENERGIA ELÉ-TRICA	32,63%	67,37%	10.220.058	21.103.074	31.323.132
CDEE	EDP – ENERGIAS DO BRASIL S.A.	65,96%	34,04%	44.675.033	23.052.271	67.727.304
CDEE	ELEKTRO	59,80%	40,20%	23.769.627	15.980.705	39.750.332
CDEE	LIGHT SA	76,41%	23,59%	65.053.682	20.086.941	85.140.623
CDEE	TRACTEBEL ENER-GIA S.A.	33,12%	66,88%	14.138.042	28.551.957	42.689.999
CDEE	TRANSMISSORA ALIANÇA DE ENER-GIA ELÉTRICA	19,20%	80,80%	3.138.771	13.204.970	16.343.741
CDEE	ULTRA PAR	30,73%	69,27%	17.394.544	39.203.469	56.598.013
GCEE	AES TIETE S.A.	32,84%	67,16%	5.218.830	10.671.373	15.890.203
GCEE	CELESC	77,70%	22,30%	40.766.557	11.698.267	52.464.824
GCEE	CIA ENERGETICA DE MINAS GERAIS – CEMIG	60,22%	39,78%	106.442.224	70.320.294	176.762.518
GCEE	CIA PARANAENSE DE ENERGIA – CO-PEL	66,15%	33,85%	74.439.277	38.085.298	112.524.575
GCEE	CPFL ENERGIA S.A.	67,73%	32,27%	101.604.403	48.418.988	150.023.391
GN	BAHIAGAS	33,07%	66,93%	957.352	1.937.406	2.894.758
GN	CEG RIO	44,66%	55,34%	4.625.359	5.731.261	10.356.620
GN	COM GAS	42,65%	57,35%	10.633.685	14.301.033	24.934.718
ÓLEO	PETROLEO BRASI-LEIRO S.A. PETRO-BRAS	55,73%	44,27%	1.266.944.377	1.006.261.355	2.273.205.732
	MÉDIA	**51,48%**	**48,52%**			

Fonte: Autores

Concluímos que o agente econômico Governo recebeu aproximadamente 51,5% de toda riqueza gerada enquanto os demais Agentes Econômicos apresentaram aproximadamente 48,5% restante, tomando como base a média aritmética.

Sendo assim, como a maior parcela de distribuição das riquezas estão destinadas ao Governo, verificamos uma possibilidade de redução do crescimento para o setor energético, uma vez que as mesmas devem contribuir com uma parcela significativa de seus recursos aos cofres públicos, podendo em alguns casos aumentar o seu endividamento para a honradez de seus compromissos.

Enfim, é importante ressaltar que os resultados encontrados estão limitados às maiores empresas de energia do país, apresentado pelo segmento de óleo combustível, distribuição de gás natural e energia elétrica sendo esta última subdivida em distribuição/geração e comercialização de energia elétrica, na qual as informações foram extraídas dos sites da BM&IBOVESPA, CVM e a Revista Exame: Melhores e Maiores as 1000 maiores empresas do Brasil, dentro do período de 2008 a 2019.

Para outras pesquisas, sugerimos a análise em outro setor para mensurar o peso da carga tributária e seus possíveis impactos na atividade produtiva, sugerindo se uma redução da carga tributária não seria mais eficiente para o crescimento das empresas energéticas.

Capítulo 6

BIBLIOGRAFIA

AES ELETROPAULO. **Conceitos de Energia Elétrica**. c2015. Disponível em: https://www.aeseletropaulo.com.br/educacaolegislacaoseguranca/informacoes/conteudo/conceitos-de-energia-eletrica Acesso em: 28 jun. 2015.

AGENCIA NACIONAL DE ENERGIA ELETRICA. **Atlas de energia eletrica do Brasil**. Brasilia: ANEEL, 2008.

ALMEIDA, R.; SILVA, A. H. C. Demonstração do Valor Adicionado: Uma análise de sua comparabilidade após tornar-se obrigatória no Brasil. **Revista de Contabilidade do Mestrado em Ciências Contábeis da UERJ**, Rio de Janeiro, v. 19, n. 1, 2014.

ANDRADE, André. L. Campos de. **Energia e mudanças climáticas**: uma discussão da matriz energética brasileira e do setor de transportes. 2010. 164 f. Dissertação (Mestrado) - Programa de Pós-graduação em Economia, Universidade Federal de Santa Catarina, Florianópolis, 2010.

ANDRADE, A. L.C; MATTEI, Lauro. A (in) sustentabilidade da matriz energética brasileira, **Revista Brasileira de Energia**, v. 19, n. 2, p. 9-36, 2013.

ANP. **Agência Nacional do Petróleo, Gás Natural e Biocombustíveis**. 2015. Disponível em: http://www.anp.gov.br/?id=452 . Acesso em: 28 jun. 2015..

ATHAR, R. A. Demonstração do valor adicionado. **Revista do Conselho Regional de Contabilidade do Rio Grande do Sul**, Porto Alegre, n. 96, maio 1999.

BAHIAGAS. O que é Gás natural. [201-?]. Disponível em: http://www.bahiagas.com.br/gas-natural/o-que-e-gas-natural/ Acesso em: 28 jun. 2015.

BM&IBOVESPA. Bolsa de Valores do Estado de São Paulo. São Paulo, 2020. Disponível em: http://www.bmibovespa.com.br/ . Acesso em: 28 jun. 2020.

BRASIL. Lei nº 6.404, de 15 de dezembro de 1976. **Diário Oficial [da] República Federativa do Brasil**, Brasília, DF, 17 dez. 1976b. Disponível em: http://www.planalto.gov.br/ccivil_03/leis/l6404consol.htm. Acesso em: 7 maio 2020.

______. Lei nº 11.638, de 28 de dezembro de 2007. **Diário Oficial [da] República Federativa do Brasil**, Brasília, DF, 28 dez. 2007b. Disponível em: http://www.planalto.gov.br/ccivil_03/_ato2007-2010/2007/lei/l11638.htm . Acesso em: 7 maio 2020.

______. Lei nº 11.941, de 27 de maio de 2009. **Diário Oficial [da] República Federativa do Brasil**, Brasília, DF, 28 maio 2009c. Disponível em: http://www.planalto.gov.br/ccivil_03/_ato2007-2010/2009/lei/l11941.htm . Acesso em: 07 mai. 2020.

______.Receita Federal. **Carga Triburtária no Brasil**: 2006. Brasília, jul. 2007. (Estatísticas Tributárias, 19).

______.Receita Federal. **Carga Triburtária no Brasil**: 2007. Brasília, 2008.: Disponível em: http://receita.economia.gov.br/dados/receitadata/estudos-e-tributarios-e-aduaneiros/estudos-e-estatisticas/carga-tributaria-no-brasil/carga-tributaria-2007/view. Acesso em: 03 jul. 2020.

______. Receita Federal. **Carga Tributária no Brasil**: 2008. Brasília, 2009 Disponível em: http://receita.economia.gov.br/dados/receitadata/estudos-e-tributarios-e-aduaneiros/estudos-e-estatisticas/carga-tributaria-no-brasil/carga-tributaria-2008/view. Acesso em: 03 jul. 2020.

______. Receita Federal. **Carga Tributária no Brasil**: 2009. Brasília, 2010 Disponível em: http://receita.economia.gov.br/dados/receitadata/estudos-e-tributarios-e-aduaneiros/estudos-e-estatisticas/carga-tributaria-no-brasil/carga-tributaria-2009/view Acesso em: 03 jul. 2020.

______. Receita Federal. **Carga Tributária no Brasil**: 2010. Brasília, 2011 Disponível em: http://receita.economia.gov.br/dados/receitadata/estudos-e-tributarios-e-aduaneiros/estudos-e-estatisticas/carga-tributaria-no-brasil/carga-tributaria-2010/view Acesso em: 03 jul. 2020.

______. Receita Federal. **Carga Tributária no Brasil**: 2011. Brasília, 2012 Disponível em: http://receita.economia.gov.br/dados/receitadata/estudos-e-tributarios-e-aduaneiros/estudos-e-estatisticas/carga-tributaria-no-brasil/carga-tributaria-2011/view. Acesso em: 03 jul. 2020.

______. Receita Federal. **Carga Tributária no Brasil**: 2012. Brasília, 2013 Disponível em: http://receita.economia.gov.br/dados/receitadata/

estudos-e-tributarios-e-aduaneiros/estudos-e-estatisticas/carga-tributaria-no-brasil/carga-tributaria-2012/view. Acesso em: 03 jul. 2020.

______. Receita Federal. **Carga Tributária no Brasil**: 2013. Brasília, 2014 Disponível em: http://receita.economia.gov.br/dados/receitadata/estudos-e-tributarios-e-aduaneiros/estudos-e-estatisticas/carga-tributaria-no-brasil/carga-tributaria-2013.pdf/view. Acesso em: 03 jul. 2020.

______. Receita Federal. **Carga Tributária no Brasil**: 2014. Brasília, 2015 Disponível em: http://receita.economia.gov.br/dados/receitadata/estudos-e-tributarios-e-aduaneiros/estudos-e-estatisticas/carga-tributaria-no-brasil/29-10-2015-carga-tributaria-2014/view. Acesso em: 03 jul. 2020.

______. Receita Federal. **Carga Tributária no Brasil**: 2015. Brasília, 2016 Disponível em: http://receita.economia.gov.br/dados/receitadata/estudos-e-tributarios-e-aduaneiros/estudos-e-estatisticas/carga-tributaria-no-brasil/ctb-2015.pdf/view. Acesso em: 03 jul. 2020.

______. Receita Federal. **Carga Tributária no Brasil**: 2016. Brasília, 2017 Disponível em: http://receita.economia.gov.br/dados/receitadata/estudos-e-tributarios-e-aduaneiros/estudos-e-estatisticas/carga-tributaria-no-brasil/carga-tributaria-2016.pdf/view. Acesso em: 03 jul. 2020.

______. Receita Federal. **Carga Tributária no Brasil**: 2017. Brasília, 2018 Disponível em: http://receita.economia.gov.br/dados/receitadata/estudos-e-tributarios-e-aduaneiros/estudos-e-estatisticas/carga-tributaria-no-brasil/carga-tributaria-2017.pdf/view. Acesso em: 03 jul. 2020.

______. Receita Federal. **Carga Tributária no Brasil**: 2018. Brasília, 2019 Disponível em: http://receita.economia.gov.br/dados/receitadata/estudos-e-tributarios-e-aduaneiros/estudos-e-estatisticas/carga-tributaria-no-brasil/ctb-2018-publicacao-v5.pdf/view. Acesso em: 03 jul. 2020.

______. Receita Federal. **Carga Tributária no Brasil**: 2019. Brasília, 2020 Disponível em: http://receita.economia.gov.br/dados/receitadata/estudos-e-tributarios-e-aduaneiros/estudos-e-estatisticas/carga-tributaria-no-brasil/ctb-2019.pdf/view. Acesso em: 03 jul. 2020.

BUSSAB, W. O; MORRETTIN, P. A. **Estatística Básica**. 6. ed. São Paulo: Saraiva, 2010.

CALABI, Andrea Sandro et al. **A energia e a economia brasileira**. São Paulo: Pioneira, 1983.

COMISSÃO DE VALORES IMOBILIÁRIOS. **Consulta de Documentos de Companhias Abertas**. [Rio de Janeiro], 2015. Disponível em: http://cvmweb.cvm.gov.br/SWB/Sistemas/SCW/CPublica/CiaAb/FormBuscaCiaAb.aspx?TipoConsult=c Acesso em: 28 jun. 2020.

______. Deliberação CVM Nº 557, de 12 de novembro de 2008. **Diário Oficial [da] República Federativa do Brasil**, Brasília, DF, 17 nov. 2008. Disponível em http://www.cvm.gov.br/export/sites/cvm/legislacao/anexos/deli/0500/deli557.pdf Acesso em: 02 maio 2020.

______. Instrução CVM Nº 469, de 2 de maio de 2008. **Diário Oficial [da] República Federativa do Brasil**, Brasília, DF, 5 maio 2008. Disponível em: http://www.cvm.gov.br/export/sites/cvm/legislacao/inst/anexos/400/inst469consolid.pdf Acesso em: 02 maio 2020.

COMITÊ DE PRONUNCIAMENTOS CONTÁBEIS . **Pronunciamentos**. Disponível em: http://www.cpc.org.br/CPC/DocumentosEmitidos/Pronunciamentos. Acesso em: 16 jun. 2020.

______. **CPC 09**: Demonstração do Valor Adicionado. 2008. Disponível em: http://www.cpc.org.br/CPC/DocumentosEmitidos/Pronunciamentos/Pronunciamento?Id=40 Acesso em: 16 jun. 2020.

CONSELHO FEDERAL DE CONTABILIDADE. Resolução CFC nº 1.055, de 07 de outubro de 2005. **Diário Oficial [da] República Federativa do Brasil**, Brasília, DF, 24 out. 2005. Disponível em: http://www2.cfc.org.br/sisweb/sre/detalhes_sre.aspx?Codigo=2005/001055 Acesso em: 16 jun. 2020.

COSTA, C. L. O; GUIMARÃES, T. R.; MELLO, L. C. B. B. Os possíveis benefícios gerados pela obrigatoriedade da publicação da Demonstração do Valor Adicionado pelas empresas de capital aberto. **Revista de Contabilidade do Mestrado em Ciências Contábeis da UERJ**, v. 18, n. 3, p. 77-93, 2013.

CPFL ENERGIA. **Comercialização**. São Paulo, c2014. Disponível em: http://www.cpfl.com.br/unidadesdenegocios/comercializacao/Paginas/default.aspx Acesso em: 28 jun. 2020.

CUNHA, Jacqueline Veneroso Alves; RIBEIRO, Maísa de Souza; SANTOS, Ariovaldo dos. A Demonstração do Valor Adicionado como instrumento de mensuração da distribuição da riqueza. **R. Cont. Fin – USP**, São Paulo, v. 16, n. 37, p. 7-23, jan./abr. 2005.

DANCEY, C. P.; REIDY, J. **Estatística sem Matemática para Psicologia**: usando SPSS para Windows. 3. ed. Porto Alegre: Artmed, 2006.

DANTAS, Fábio. Balanço Social e a Responsabilidade Social nas empresas. **Revista de Ciências Gerenciais**, Valinhos, v. 15, n. 21, p. 65-82, 2011.

DE LUCA, Márcia Martins Mendes. **Demonstração do Valor Adicionado**: do cálculo da riqueza criada pela empresa ao valor do PIB. São Paulo: Editora Atlas,1998.

DEVORE, J. L. **Probabilidade e Estatística**: para Engenharia e Ciências. [Trad. SILVA, J. P. N.] São Paulo: Pioneira Thomson Learning, 2006.

EMPRESA DE PESQUISA ENERGÉTICA. **Informe à imprensa**: Demanda da energia elétrica: 10 anos. Rio de Janeiro, 2011. Disponível em http://www.epe.gov.br/imprensa/PressReleases/20110222_2.pdf Acesso em: 14 maio 2020.

EXAME. Melhores e Maiores. As 1000 maiores empresas do Brasil. São Paulo. set. 2019. Disponível em: https://exame.com/edicoes/melhores-maiores-2019/ Acesso em: 05 jul. 2020.

FERRARI, Alfonso Trujillo. **Metodologia da pesquisa cientifica**. São Paulo: Editora McGraw-Hill do Brasil,1982.

FREIRE, Fátima de Souza. Balanço Social Abrangente: ferramenta contábil eficaz para mensuração do papel social das empresas. **Revista Brasileira de Contabilidade**, São Paulo, n. 130, p. 1-32, jul./ago. 2001.

FREIRE, Fátima de Souza. REBOUÇAS, Tereza Raquel da Silva. Uma descrição sucinta do balanço social francês, português, belga e brasileiro. In: SILVA, Cesar Augusto Tibúrcio. **Balanço Social Teoria e Prática**. São Paulo: Atlas, 2001.

FUNDAÇÃO INSTITUTO DE PESQUISAS CONTÁBEIS ATUARIAIS E FINANCEIRAS. FIPECAFI. São Paulo, 2015. Disponível em: http://www.fipecafi.org/ Acesso em: 28 jun. 2020.

______. **Manual de Contabilidade das Sociedades por Ações**: aplicável às demais sociedades. 10. ed., São Paulo: Atlas, 2010.

GANIM, Antônio. **Setor elétrico**: Aspectos regulamentares, tributários e contábeis. 2. ed. Brasília: ed. Canal Energia; Synergia, 2009.

GAS NATURAL FENOSA. **Informe Anual**. Rio de Janeiro, 2011. Disponível em: https://www.gasnaturalfenosa.com.br/servlet/ficheros/1297131796397/572%5C104%5CrelatorioCeg2011,0.pdf Acesso em: 28 jun. 2020.

GONÇALVES, Ernesto Lima (Org.). **Balanço Social na América Latina**. São Paulo: Livraria Pioneira Editora, 1980.

INSTITUTO BRASILEIRO DE ANÁLISES SOCIAIS E ECONÔMICAS (IBASE). **Balanço Social**. Rio de Janeiro, 2011. Disponível em: http://www.ibase.br/en/2011/07/balanco-social/ Acesso em: 02 jul. 2020.

______. A História do Balanço Social. In: **Balanço Social** – Dez Anos. Rio de Janeiro, [201-?]. Disponível em: http://www.ibase.br/userimages/BS_31.pdf Acesso em: 02 jul. 2020.

INSTITUTO BRASILEIRO DE GEOGRAFIA E ESTATÍSTICA (IBGE). **Contas Nacionais Trimestrais**. 2. ed. Rio de Janeiro: IBGE, 2008. (Série Relatórios Metodológicos, 28) Disponível em: ftp://ftp.ibge.gov.br/Contas_Nacionais/Contas_Nacionais_Trimestrais/Metodologia_da_Pesquisa/ Acesso em: 15 jan.2020.

INSTITUTO BRASILEIRO DE PLANEJAMENTO TRIBUTÁRIO (IBPT). **Estudos**. São Paulo. Disponível em: http://www.ibpt.com.br/ Acesso em: 15 abr. 2020.

INSTITUTO DE PESQUISA ECONÔMICA APLICADA (IPEA). **Mercado de Trabalho**: conjuntura e análise. Rio de Janeiro, fev. 2011. Disponível em: http://portal.mte.gov.br/data/files/8A7C816A2E7311D1012FE4452D5D3201/IPEA_bmt46_completo.pdf Acesso em: 15 abr. 2020.

INSTITUTO ETHOS. São Paulo. Disponível em: www.ethos.org.br Acesso em: 10 abr. 2020.

IUDÍCIBUS, Sergio de. **Análise de Balanços**. São Paulo: Atlas, 1998.

IUDÍCIBUS, Sérgio de. **Teoria da Contabilidade**. 20. ed. São Paulo: Editora Atlas, 2009.

KROETZ, César Eduardo Stevens. **Balanço Social, teoria e prática**. São Paulo: Editora Atlas, 2000.

LEVIN, J. **Estatística Aplicada a Ciências Humanas**. 2. ed. São Paulo: Harbra, 1987.

LIMA, Paulo R. dos Santos. **Responsabilidade Social**: a experiência do selo empresa cidadã na cidade de São Paulo. 1999. 238 f. Dissertação (Mestrado)- Programa de Pós-Graduação em Administração, Pontifícia Universidade Católica, São Paulo, 2001.

MARION, José Carlos. **Análise das Demonstrações Contábeis** - Contabilidade Empresarial. São Paulo: Atlas, 2001.

MATARAZZO, Dante Carmine. **Análise Financeira de Balanços**: Abordagem básica e gerencial. 7. ed. São Paulo: Atlas, 2010.

MORAES, Pérsio Belluomini, TINOCO, Joao Eduardo Prudêncio. Uso da Demonstração do Valor Adicionado - DVA, como Ferramenta de Medição da Carga Tributária no Brasil. **eGesta**, Santos, v. 4, n. 1, jan./mar. 2008, p.1-32.

PETROBRAS. **Petróleo Brasileiro**. Rio de Janeiro, c2015. Disponível em: http://www.petrobras.com.br Acesso em: jan. 2020.

PETROBRAS DISTRIBUIDORA. Óleo Combustível. Rio de Janeiro, c2015. Disponível em: http://www.br.com.br/wps/portal/portalconteudo/produtos/paraindustriasetermeletricas/oleocombustivel/!ut/p/c4/04_SB8K8xLLM9MSSzPy8xBz9CP0os3hLf0N_P293QwP3YE-9nAyNTD5egIEcnQwt3I_2CbEdFABY_tRk!/ Acesso em: 28 jun. 2020.

REIS, Arnaldo Carlos de Rezende. **Análise de Balanços**. São Paulo: Saraiva, 1993.

RIBEIRO, Maísa de Souza. **Contabilidade Ambiental**. 2. ed. São Paulo: Editora Saraiva, 2010.

RIBEIRO, Maísa de Souza; LISBOA, Lázaro Plácido. Balanço Social: Instrumento de divulgação da interação da empresa com a sociedade. **Revista Brasileira de Contabilidade**, ano 28, n. 115, p. 1-81, jan./fev. 1999.

ROSSETTI, José Paschoal. **Introdução à Economia**. 6 ed. São Paulo: Editora Atlas, 1995.

SACHSIDA, Adolfo. Como os impostos afetam o crescimento econômico. **Brasil Economia e Governo**, Brasília, mar. 2011. Disponível em: http://www.brasil-economia-governo.org.br/wp-content/uploads/2011/03/como-os-impostos-afetam-o-crescimento-economico1.pdf Acesso em: 14 ago. 2020.

SANTOS, Ariovaldo dos. **Demonstração do Valor Adicionado**. São Paulo: Editora Atlas, 2003.

SANTOS, Ariovaldo dos. **Demonstração do Valor Adicionado** – DVA: Um instrumento para medição da geração e distribuição de riqueza nas empresas. 1999. Tese (Livre Docência)– Faculdade de Economia, Administração e Contabilidade, Universidade de São Paulo, São Paulo, 1999.

SANTOS, Ariovaldo dos; LUSTOSA, Paulo Roberto B. **Proposta de um modelo de DVA** – Demonstração de Valor Adicionado: adequado ao novo desenho institucional e mercantil do setor elétrico brasileiro. São Paulo: Fundação Instituto de Pesquisa Econômica – FIPE, 1998.

SIMONSEN, Mário Henrique. **Macroeconomia**. Rio de Janeiro: Apec, 1975. v. 1.

SPIEGEL, M. R. **Estatística**. São Paulo: Makron Books, 1993. (Schaum).

TINOCO, Joao Eduardo Prudêncio. **Balanço Social**: uma abordagem da transparência e da responsabilidade pública das organizações. São Paulo: Editora Atlas, 2001.

______. **Balanço Social**: uma abordagem da transparência e da responsabilidade pública das organizações. 3. ed. São Paulo: Atlas, 2006.

VERGARA, Sylvia Constant. **Projeto e relatório de pesquisa em administração**. São Paulo: Editora Atlas, 2007.

Capítulo 7

GABARITOS

Capítulo 1

1	C
2	B
3	D
4	E
5	E
6	B
7	A
8	C
9	E

Capítulo 2

1	B
2	D
3	E
4	C
5	C
6	E
7	E

Capítulo 3

1	D	11	E	21	C
2	C	12	D		
3	E	13	B		
4	C	14	C		
5	D	15	C		
6	A	16	E		
7	B	17	A		
8	A	18	B		
9	E	19	A		
10	B	20	A		

Capítulo 4

1	C	16	C	31	B	46	B	61	E
2	D	17	A	32	C	47	B	62	D
3	B	18	B	33	E	48	E	63	C
4	E	19	C	34	B	49	B		
5	E	20	B	35	C	50	C		
6	D	21	E	36	D	51	E		
7	C	22	C	37	D	52	C		
8	C	23	D	38	C	53	E		
9	A	24	A	39	C	54	C		
10	A	25	C	40	C	55	A		
11	C	26	A	41	A	56	E		
12	B	27	E	42	D	57	C		
13	E	28	E	43	E	58	E		
14	E	29	A	44	D	59	C		
15	B	30	A	45	B	60	B		

Capítulo 8

SOLUÇÃO DAS QUESTÕES DE PROVA

CAPÍTULO 1 - EXERCÍCIOS

1. (CESPE - SEFAZ-DF - Auditor Fiscal - 2020)

GABARITO - CERTO

Segundo instrui a NBC TG 09 - Demonstração do Valor Adicionado - (DVA) deve proporcionar aos usuários das demonstrações contábeis informações relativas à riqueza criada pela entidade em determinado período e a forma como tais riquezas foram distribuídas. A distribuição da riqueza criada deve ser detalhada.

2. (CONSULPLAN - CFC - Bacharel em Ciências Contábeis - 2º Exame- 2019)

GABARITO - B

Este demonstrativo tem a capacidade de geração de valor e a forma de distribuição das riquezas de cada empresa, permitir efetuar uma análise do desempenho econômico da empresa, assim como auxiliar no cálculo do Produto Interno Bruto - (PIB) e de indicadores sociais.

03. (IBFC - Emdec - Analista Contábil Jr - 2019)

GABARITO - D

A DVA está fundamentada em conceitos macroeconômicos, buscando apresentar, eliminados os valores que representam dupla-contagem, a parcela de contribuição que a entidade tem na formação do Produto Interno Bruto (PIB). Essa demonstração apresenta o quanto a entidade agrega de valor aos insumos adquiridos de terceiros e que são vendidos ou consumidos durante determinado período.

Existem, todavia, diferenças temporais entre os modelos contábil e econômico no cálculo do valor adicionado. A ciência econômica, para cálculo do PIB, baseia-se na produção, enquanto a contabilidade utiliza o conceito contábil da realização da receita, isto é, baseia-se no regime contábil de competência.

04. (CESPE – SEFAZ-RS – Auditor Fiscal da Receita Estadual – Bloco II- 2019)

GABARITO – E

A Demonstração do Valor Adicionado, tem por finalidade evidenciar a riqueza criada pela entidade e sua distribuição, durante determinado período.

05. (CESPE – FUNPRESP-JUD – Assistente – Contabilidade – 2016)

GABARITO – ERRADO

No Art. 188 II da Lei 6.404, menciona que demonstração do valor adicionado o valor da riqueza gerada pela companhia, a sua distribuição entre os elementos que contribuíram para a geração dessa riqueza, tais como empregados, financiadores, acionistas, governo e outros, bem como a parcela da riqueza não distribuída.

06. (IESES – CEGÁS – Analista de Gestão – Contador -2017)

GABARITO – B

A) ERRADO – DEMONSTRAÇÃO DOS FLUXOS DE CAIXA (DFC): Relaciona o conjunto de ingressos e desembolsos financeiros de empresa em determinado período. Procura-se analisar todo deslocamento de cada unidade monetária dentro da empresa.

B) CERTO: DEMONSTRAÇÃO DO VALOR ADICIONADO (DVA): Evidencia, de forma sintética, os valores correspondentes à formação da riqueza gerada pela empresa em determinado período e sua respectiva distribuição.

C) ERRADO – DEMONSTRAÇÃO DE LUCROS OU PREJUÍZOS ACUMULADOS (DLPA): Tem por objetivo demonstrar a movimentação da conta de lucros ou prejuízos acumulados, ainda não distribuídos aos sócios titular ou aos acionistas, revelando os eventos que influenciaram a modificação do seu saldo. Essa demonstração deve também revelar o dividendo por ação do capital realizado.

D) ERRADO – DEMONSTRAÇÃO DO RESULTADO DO EXERCÍCIO (DRE): Destina-se a evidenciar a formação de resultado líquido do exercício, diante do confronto das receitas, custos e despesas apuradas segundo o regime de competência.

07.(CESGRANRIO - Transpetro - Contador Júnior - Auditoria Interna - 2011)

GABARITO - A

A Demonstração do Valor Adicionado - DVA tem a função de identificar e divulgar o valor da riqueza gerada por uma entidade e como essa riqueza foi distribuída entre os diversos setores que contribuíram, direta ou indiretamente, para a sua geração.

Segundo a NBC T 3.7 - Demonstração do Valor Adicionado (Resolução CFC 1.010/2005), a DVA é destinada a evidenciar, de forma concisa, os dados e as informações do valor da riqueza gerada pela entidade em determinado período e a sua distribuição. As informações devem ser extraídas da contabilidade e os valores informados devem ter como base o princípio contábil da competência.

O valor adicionado (ou valor agregado) constitui-se das receitas obtidas pela empresa em razão de suas atividades deduzidas dos custos dos bens e serviços adquiridos de terceiros para a geração dessas receitas. É, portanto, o quanto a entidade contribuiu para a formação do Produto Interno Bruto - PIB do país. O valor adicionado demonstra a contribuição da empresa para a geração de riqueza da economia, resultado do esforço conjugado de todos os seus fatores de produção.

08. (CESPE - INCA - Analista em C&T Júnior - Gestão Pública - 2010)

GABARITO - C

De acordo com Lei 6.404/76, Art. 176, no final de cada exercício social, a diretoria fará elaborar, com base na escrituração mercantil da companhia, as seguintes demonstrações financeiras, que deverão exprimir com clareza a situação do patrimônio da companhia e as mutações ocorridas no exercício:

I - balanço patrimonial;

II - demonstração dos lucros ou prejuízos acumulados;

III - demonstração do resultado do exercício;

IV - demonstração dos fluxos de caixa; e (Redação dada pela Lei nº 11.638, de 2007);e

V - se companhia aberta, demonstração do valor adicionado. (Incluído pela Lei nº 11.638, de 2007).

09. (FUNDAÇÃO SOUSÂNDRADE - CRC-MA - Contador - 2010)

GABARITO - E

A Demonstração do Valor Adicionado (DVA), tem por objetivo evidenciar de forma sintética, os valores correspondentes à formação da riqueza gerada pela empresa em determinado período e sua respectiva distribuição.

CAPÍTULO 2 - EXERCÍCIOS

01. (TJPI - Analista Judiciário - Contador - FGV - 2015)

GABARITO: B

A) ERRADO: O Balanço Social tem por objetivo demonstrar o resultado da interação da empresa com o meio em que está inserida. Possui quatro vertentes: o Balanço Ambiental, o Balanço de Recursos Humanos, Demonstração do Valor Adicionado e Benefícios e Contribuições à Sociedade em geral.

B) CERTO: a DVA tem por objetivo demonstrar o valor da riqueza econômica gerada pelas atividades da empresa como resultante de um esforço coletivo e sua distribuição entre os elementos que contribuíram para sua criação.

C) ERRADO: na DMPL são evidenciadas todas as alterações ocorridas no Patrimônio Líquido da entidade e o Resultado Abrangente total do período, segregando-se o montante total atribuível aos controladores e o montante correspondente à participação de não controladores.

D) ERRADO: na DVA pode apresentar receitas e despesas que afetam o patrimônio líquido que afetam o resultado do período.

E) ERRADO: DFC evidencia as transformações no caixa e equivalentes de caixa

02. (IF-MT - Contabilidade - 2014)

GABARITO: D

O valor adicionado representa a riqueza criada pela empresa, de forma geral medida pela diferença entre o valor das vendas e os insumos adquiridos de terceiros. Inclui também o valor adicionado recebido em transferência, ou seja, produzido por terceiros e transferido à entidade.

03. (CPRM - Analista em Geociências - Contabilidade - CESPE - 2013)

GABARITO: ERRADO

A demonstração contábil de Fluxo de Caixa - DFC pelo método direto é elaborada pelo regime de caixa, as demais se submetem ao regime de competência.

04. (SEFAZ-SP - Agente Fiscal de Rendas - Gestão Tributária - FCC - 2013)

GABARITO: C

Conforme descrito no capítulo 2 desta obra, a distribuição das riquezas é feita para os seguintes agentes econômicos: Pessoal; Impostos, taxas e contribuições; Remuneração de capitais próprios; Remuneração de capitais de terceiros.

05. (TJ-AC - Analista Judiciário - Contador - CESPE - 2012)

GABARITO: CERTO

A distribuição do valor adicionado inclui: (1) pessoal, (2) governo, (3) remuneração de capitais de terceiros e (4) remuneração de capital próprio. De fato, dividendos distribuídos representam remuneração de capital próprio. Por essa razão, solicitamos alteração de gabarito.

A Distribuição de Riqueza é a segunda parte de uma DVA, e deve apresentar de forma detalhada como a riqueza obtida pela entidade foi distribuída, conforme descrito no capítulo 4 deste livro. Os principais componentes dessa distribuição são:

1. Pessoal (Remuneração, FGTS)
2. Governo (Impostos, Taxas, etc)
3. Remuneração de capitais de terceiros (Juros, Aluguéis, etc)
4. Remuneração de capitais de próprios (JCP, Lucros, etc)

06. (MPE-PI - Analista Ministerial - Controle Interno - CESPE - 2012)

GABARITO: ERRADO

O erro da questão está em afirmar que a distribuição é equânime entre os agentes econômicos que contribuíram para o processo de criação de valor pela empresa. A distribuição não é equânime.

07. (Petrobras – Contador Júnior – CESGRANRIO – 2011)

GABARITO: E

A Demonstração do Valor Adicionado (DVA) é o informe contábil que evidencia, de forma sintética, os valores correspondentes à formação da riqueza gerada pela empresa em determinado período e sua respectiva distribuição, conforme descrito no capítulo 2.

Obviamente, por se tratar de um demonstrativo contábil, suas informações devem ser extraídas da escrituração, com base nas Normas Contábeis vigentes e tendo como base o princípio contábil da competência.

A riqueza gerada pela empresa, medida no conceito de valor adicionado, é calculada a partir da diferença entre o valor de sua produção e o dos bens e serviços produzidos por terceiros utilizados no processo de produção.

A utilização do demonstrativo de valor adicionado como ferramenta gerencial pode ser resumida da seguinte forma:

✓ como índice de avaliação do desempenho na geração da riqueza, ao medir a eficiência da empresa na utilização dos fatores de produção, comparando o valor das saídas com o valor das entradas, e

✓ como índice de avaliação do desempenho social à medida em que demonstra, na distribuição da riqueza gerada, a participação dos empregados, do Governo, dos Agentes Financiadores e dos Acionistas.

A Demonstração do Valor Adicionado, que também pode integrar o Balanço Social, constitui, desse modo, uma importante fonte de informações à medida que apresenta esse conjunto de elementos que permitem a análise do desempenho econômico da empresa, evidenciando a geração de riqueza, assim como dos efeitos sociais produzidos pela distribuição dessa riqueza.

CAPÍTULO 3 – EXERCÍCIOS

01. (CESPE- CG-CE – Auditor de Controle Interno – Governamental – 2019)

GABARITO: D

Conforme a Lei 6.404/76 no art. 176, menciona que no final de cada exercício social, a diretoria fará elaborar, com base na escrituração mercantil da companhia, as seguintes demonstrações financeiras, que deverão exprimir com clareza a situação do patrimônio da companhia e as mutações ocorridas no exercício:

I – balanço patrimonial;

II – demonstração dos lucros ou prejuízos acumulados;

III – demonstração do resultado do exercício; e

IV – demonstração dos fluxos de caixa; e

V – se companhia aberta, demonstração do valor adicionado.

02. (IESES - Analista Contábil - MSGás - 2015)
GABARITO: D

I - CERTO: A entidade, sob a forma jurídica de sociedade por ações, com capital aberto, e outras entidades que a lei assim estabelecer, devem elaborar a DVA e apresentá-la como parte das demonstrações contábeis divulgadas ao final de cada exercício social. É recomendado, entretanto, a sua elaboração por todas as entidades que divulgam demonstrações contábeis.

II – CERTO: A DVA deve proporcionar aos usuários das demonstrações contábeis informações relativas à riqueza criada pela entidade em determinado período e a forma como tais riquezas foram distribuídas.

III – ERRADA: A distribuição da riqueza criada deve ser detalhada, minimamente, da seguinte forma:

(a) pessoal e encargos;

(b) impostos, taxas e contribuições;

(c) juros e aluguéis;

(d) juros sobre o capital próprio (JCP) e dividendos;

(e) lucros retidos/prejuízos do exercício.

IV - CERTO: A DVA está fundamentada em conceitos macroeconômicos, buscando eliminar os valores que representam dupla-contagem, a parcela de contribuição que a entidade tem na formação do Produto Interno Bruto (PIB). Essa demonstração apresenta o quanto a entidade agrega de valor aos insumos adquiridos de terceiros e que são vendidos ou consumidos durante determinado período.

03. (INSTITUTO AOCP – Analista Administrativo – Contabilidade – UFSM – 2014)

GABARITO: E

A Lei 6.404/76 no art. 176, discorre que no final de cada exercício social, a diretoria fará elaborar, com base na escrituração mercantil da companhia, as seguintes demonstrações financeiras, que deverão exprimir com clareza a situação do patrimônio da companhia e as mutações ocorridas no exercício:

I – balanço patrimonial;

II – demonstração dos lucros ou prejuízos acumulados;

III – demonstração do resultado do exercício; e

IV – demonstração dos fluxos de caixa; e

V – se companhia aberta, demonstração do valor adicionado.

04. (INSTITUTO AOCP – Analista Administrativo – Contabilidade – UFGD – 2014)

GABARITO: C

Conforme explicado na questão anterior, as companhias, deverão apresentar os seguintes demonstrativos:

I – balanço patrimonial;

II – demonstração dos lucros ou prejuízos acumulados;

III – demonstração do resultado do exercício; e

IV – demonstração dos fluxos de caixa; e

V – se companhia aberta, demonstração do valor adicionado.

05. (TJ-RO – Analista Judiciário – Contabilidade – CESPE – 2012)

GABARITO: D

a) A DVA é uma demonstração elaborada por meio dos dados ligados com a DRE e também tem uma estrita ligação com a DLPA.

b) A DVA deve ser detalhada no mínimo: Pessoal e Encargos; Impostos, Taxas e Contribuições; Juros e Aluguéis; Juros Sobre o Capital Próprio e Dividendos; Lucros Retidos/ Prejuízos do Exercício.

c) A DVA está fundamentada no conceito macroeconômico, é uma demonstração que reflete mais os efeitos econômicos do que contábeis da entidade.

d) CORRETA.

e) A DVA tem como objetivo evidenciar a riqueza gerada pela entidade, mas não decorre somente do esforço individual, pois além da entidade, contribui para a geração de riqueza terceiros, incluídos no grupo Valor Adicionado Recebido em Transferência.

06. (TCE-SE - Técnico de Controle Externo - FCC - 2011)

GABARITO: A

A Lei 6.404/76 no art. 176, discorre que no final de cada exercício social, a diretoria fará elaborar, com base na escrituração mercantil da companhia, as seguintes demonstrações financeiras, que deverão exprimir com clareza a situação do patrimônio da companhia e as mutações ocorridas no exercício:

I – balanço patrimonial;

II – demonstração dos lucros ou prejuízos acumulados;

III – demonstração do resultado do exercício; e

IV – demonstração dos fluxos de caixa; e

V – se companhia aberta, demonstração do valor adicionado.

07. (BNDES - Profissional Básico - Contabilidade - CESGRANRIO - 2011)

GABARITO: B

A Demonstração do Valor Adicionado (DVA) é uma ferramenta que tem por objetivo evidenciar, de forma sintética, os valores correspondentes à formação da riqueza gerada pela empresa em determinado período e sua respectiva distribuição.

Por se tratar de um demonstrativo contábil, suas informações devem ser extraídas da escrituração, com base nas Normas Contábeis vigentes e tendo como base o princípio contábil da competência.

08. (Transpetro – Contador Júnior – CESGRANRIO – 2011)

GABARITO: A

A Demonstração do Valor Adicionado – (DVA), tem a função de evidenciar o valor da riqueza gerada por uma entidade e como essa riqueza foi distribuída entre os diversos setores que contribuíram, direta ou indiretamente, para a sua geração.

Segundo o Comunicado de Pronunciamentos Contábeis – (CPC) n.09 é destinada a evidenciar, de forma concisa, os dados e as informações do valor da riqueza gerada pela entidade em determinado período e a sua distribuição. As informações devem ser extraídas da contabilidade e os valores informados devem ter como base o princípio contábil da competência.

O valor adicionado (ou valor agregado) constitui-se das receitas obtidas pela empresa em razão de suas atividades deduzidas dos custos dos bens e serviços adquiridos de terceiros para a geração dessas receitas.

Assim, a DVA evidenciará, o quanto a entidade contribuiu para a formação do Produto Interno Bruto – (PIB) do país. O valor adicionado demonstra a contribuição da empresa para a geração de riqueza da economia, resultado do esforço conjugado de todos os seus fatores de produção.

09. (FHS-SE- Analista Administrativo – Contabilidade – CESPE – 2009)

GABARITO: ERRADO

Existem, todavia, diferenças temporais entre os modelos contábil e econômico no cálculo do valor adicionado. A ciência econômica, para cálculo do PIB, baseia-se na produção, enquanto a contabilidade utiliza o conceito contábil da realização da receita, isto é, baseia-se no regime contábil de competência. Como os momentos de realização da produção e das vendas são normalmente diferentes, os valores calculados para o PIB por meio dos conceitos oriundos da economia e os da contabilidade são naturalmente diferentes em cada período.

Logo, a alternativa está incorreta devido a parte final, pois quanto menor a diferença entre estoque inicial e estoque final a tendência é que os conceitos contábeis e econômicos aproximem-se.

10. (Petrobras BR - Contador Júnior - CESG - 2010)

GABARITO: B

A distribuição da riqueza criada deve ser detalhada, minimamente, da seguinte forma:

(a) pessoal e encargos;

(b) impostos, taxas e contribuições;

(c) juros e aluguéis;

(d) juros sobre o capital próprio (JCP) e dividendos;

(e) lucros retidos/prejuízos do exercício.

11. (Quadrix - CRO - PR - Contador - 2016)

GABARITO: E

As demonstrações contábeis, que devem ser elaboradas pela entidade sem finalidade de lucros, são: o Balanço Patrimonial, a Demonstração do Resultado, a Demonstração das Mutações do Patrimônio Líquido e a Demonstração dos Fluxos de Caixa. Logo, a Demonstração do Valor Adicionado, não faz parte.

12. (UFF - Técnico de Contabilidade - UFF - 2009)

GABARITO: D

Conforme explicado na questão acima, o art. 188, no inciso II, menciona que a demonstração do valor adicionado, tem por objetivo evidenciar a riqueza gerada pela companhia, a sua distribuição entre os elementos que contribuíram para a geração dessa riqueza, tais como empregados, financiadores, acionistas, governo e outros, bem como a parcela da riqueza não distribuída.

13. (CESGRANRIO - Transpetro - Administrador Júnior - 2018)

GABARITO: B

A Lei 6.404/76 no art. 176, discorre que no final de cada exercício social, a diretoria fará elaborar, com base na escrituração mercantil da companhia, as seguintes demonstrações financeiras, que deverão exprimir com clareza a situação do patrimônio da companhia e as mutações ocorridas no exercício:

I – balanço patrimonial;

II – demonstração dos lucros ou prejuízos acumulados;

III – demonstração do resultado do exercício; e

IV – demonstração dos fluxos de caixa; e

V – se companhia aberta, demonstração do valor adicionado.

O item 10 do CPC 26 (R3), menciona o que o conjunto completo de demonstrações contábeis como sendo:

a) Balanço patrimonial ao final do período;

b) Demonstração do resultado do período;

c) Demonstração do resultado abrangente do período;

d) Demonstração das mutações do patrimônio líquido do período;

e) Demonstração dos fluxos de caixa do período;

f) Demonstração do valor adicionado do período, se exigido legalmente ou por algum órgão regulador ou mesmo se apresentada voluntariamente;

g) Notas explicativas, compreendendo um resumo das políticas contábeis significativas e outras informações explanatórias; e

h) balanço patrimonial no início do período mais antigo comparativamente apresentado quando a entidade aplica uma política contábil retroativamente ou procede à reapresentação de itens das demonstrações contábeis, ou ainda, quando procede à reclassificação de itens de suas demonstrações contábeis.

14. (UFMG – UFMG – Contador – 2019)
GABARITO: C

I e II. CERTO

No momento da realização da reavaliação ou da avaliação ao valor justo, deve-se incluir esse valor como "outras receitas" na DVA, bem como se reconhecem os respectivos tributos na linha própria de impostos, taxas e contribuições.

Já os ajustes de exercícios anteriores, decorrentes de efeitos provocados por erro imputável a exercício anterior ou da mudança de critérios contábeis que vinham sendo utilizados pela entidade, devem ser adaptados na demonstração de valor adicionado relativa ao período mais antigo apresentado, para fins de comparação, bem como os demais valores comparativos apresentados.

15. (COPEVE-UFAL - IF-AL - Técnico em Contabilidade - 2011)
GABARITO: C

As companhias deverão exprimir com clareza a situação do patrimônio das cias e as mutações ocorridas no exercício dos seguintes relatórios:

I - balanço patrimonial;

II - demonstração dos lucros ou prejuízos acumulados;

III - demonstração do resultado do exercício; e

IV - demonstração dos fluxos de caixa; e

V - se companhia aberta, demonstração do valor adicionado.

16. (ABIN - Oficial Técnico de Inteligência - Área de Ciências Contábeis - CESPE - 2010)
GABARITO: ERRADO

A Demonstração do Valor Adicionado - DVA, está fundamentada em conceitos macroeconômicos, buscando apresentar, eliminados os valores que representam dupla-contagem, a parcela de contribuição que a entidade tem na formação do Produto Interno Bruto (PIB). Essa demonstração apresenta o quanto a entidade agrega de valor aos insumos adquiridos de terceiros e que são vendidos ou consumidos durante determinado período.

Existem, todavia, diferenças temporais entre os modelos contábil e econômico no cálculo do valor adicionado. A ciência econômica, para cálculo do PIB, baseia-se na produção, enquanto a contabilidade utiliza o conceito contábil da realização da receita, isto é, baseia-se no regime contábil de competência.

17. (FCC - TCE-SE - Técnico de Controle Externo - 2011)
GABARITO: A

As companhias deverão exprimir com clareza a situação do patrimônio das cias e as mutações ocorridas no exercício dos seguintes relatórios:

I - balanço patrimonial;

II - demonstração dos lucros ou prejuízos acumulados;

III - demonstração do resultado do exercício; e

IV – demonstração dos fluxos de caixa; e

V – se companhia aberta, demonstração do valor adicionado.

18. (Colégio Pedro II – Contador – 2017)
GABARITO: B

I e IVI. ERRADA. Seguem os comentários sobre as duas assertivas:

I- ERRADA

A publicação da DVA é obrigatória de acordo com a legislação vigente, Lei 6.404/76 após a publicação da Lei 11.638/07 passou a ter nova redação no Art. 176 o qual trata sobre as demonstrações financeiras a serem elaboradas com base na escrituração contábil, apenas as Companhias Abertas (S/A). Contudo para as demais sociedades, seja sociedade de Capital Fechado (S/A) e a sociedade LTDA (sociedade enquadrada como de grande porte ou não) orienta-se que elaborem esta demonstração apenas para fins gerenciais.

IV- ERRADA

O valor adicionado recebido em transferência é o produzido apenas por terceiros e transferido à entidade.

19. (FGV – SEAD-AP – Auditor da Receita do Estado – Prova 2 – 2010)
GABARITO – A

Conforme o Art. 176 da Lei 6.404/76, ao fim de cada exercício social, a diretoria fará elaborar, com base na escrituração mercantil da companhia, as seguintes demonstrações financeiras, que deverão exprimir com clareza a situação do patrimônio da companhia e as mutações ocorridas no exercício:

I – balanço patrimonial;

II – demonstração dos lucros ou prejuízos acumulados;

III – demonstração do resultado do exercício;

IV – demonstração dos fluxos de caixa; e (Redação dada pela Lei nº 11.638, de 2007);e

V – se companhia aberta, demonstração do valor adicionado. (Incluído pela Lei nº 11.638, de 2007).

20. (IBFC - EBSERH - Analista Administrativo - 2020)

GABARITO: LETRA A

A alternativa A está correta, pois auxilia o gestor na melhor tomada de decisão. Logo, as alternativas B, C, D e E estão incorretas.

21. (CEBRASPE - MPE-CE - Analista Ministerial - Ciências Contábeis - 2020)

GABARITO: CERTO

De acordo com a Lei 6.404/76, no art. 188 inciso II, determina que a demonstração do valor adicionado, devera evidenciar a riqueza gerada pela companhia, a sua distribuição entre os elementos que contribuíram para a geração dessa riqueza, tais como empregados, financiadores, acionistas, governo e outros, bem como a parcela da riqueza não distribuída. Assim como, o CPC 09 propõe que valor adicionado representa a riqueza criada pela empresa, de forma geral, medida pela diferença entre o valor das vendas e os insumos adquiridos de terceiros. Inclui também o valor adicionado recebido em transferência, ou seja, produzido por terceiros e transferido à entidade.

CAPÍTULO 4 - EXERCÍCIOS

01. (SEFAZ-PI - Analista do Tesouro Estadual - FCC - 2015)

GABARITO: C

O valor adicionado Bruto é a diferença entre o valor das vendas e os insumos adquiridos de terceiros. Dentro do valor das vendas está a venda de mercadorias, produtos e serviços, incluindo o valor dos tributos. Dentro dos insumos, estão os custos dos produtos, das mercadorias e dos serviços vendidos, considerando os tributos incluídos no momento da compra, daí resultar no seguinte raciocínio:

Receita de Vendas R$ 1.000.000,00

Insumos: R$ (494.000,00)

CMV R$ (430.000,00) (Como o Estoque inicial e final foram zerados, equivale ao valor da Compra Líquida)

Impostos RecuperáveisR$ (64.000,00)

Valor Adicionado = R$ 506.000,00

02. (Petrobrás - Contador Júnior - CESGANRIO - 2014)

GABARITO: D

A DVA, deverá ser elaborada, conforme a seguir.

1. Receitas	1.080.000
(+) Receita Bruta	1.215.000
(–) Descontos incondicionais	(135.000)
2. Insumos de Terceiros	364.950
CMV	344.250
Água	20.700
3. Valor Adicionado Bruto (1 – 2)	715.050
4. Depreciações/Amortizações	40.500
5. Valor Adicionado Líquido (3 – 4)	674.550
6. Recebido em Transferência	58.680
7. Valor a Distribuir (5 + 6)	**733.230**
8. Distribuição (7 = 8)	**733.230**
8.1 Pessoal	145.800
Salários	135.000
FGTS	10.800
8.2 Governo	302.130
Pis/Cofins	22.500
IR e CSLL - INSS	36.180
ICMS	194.400
8.3 Remuneração de Capital de terceiros	89.100
Aluguéis	67.500
juros passivo	21.600
8.4 Remuneração de Capital Próprio	196.200

Cabe lembra ao leitor que o Fundo de Garantia do Tempo do Serviço – FGTS, são depósitos mensais efetuado pelo empregador que tem por objetivo de proteger o trabalhador, e os valores pertencem aos empregados que, em algumas situações, podem dispor do total depositado em seus nomes, de acordo com o capitulo 4 desta obra. É uma remuneração do empregado que deverá ser apresentada na DVA na distribuição de riqueza no grupamento do agente econômico pessoal, conforme demonstrado no exercício acima.

03. (Petrobrás - Profissional Júnior - CESGANRIO - 2015)

GABARITO: B

Os Valore Recebido em Transferência, são riquezas geradas por outras empresas, como exemplo:

Dividendos recebidos de investimentos avaliados ao custo 1.000,00

Dividendos recebidos de investimentos avaliados ao custo 1.000,00

Receitas Financeiras 2.000,00

Resultado Positivo de Equivalência Patrimonial....................... 7.000,00

TOTAL... 10.000,00

4. (SEFAZ-PE - Julgador Administrativo do Tesouro Estadual - FCC - 2015)

GABARITO: E

O Valor adicionado a distribuir é apresentado da seguinte forma:

Receita Bruta de Vendas 700000,00

(-) Custo das Mercadorias Vendidas .... (340000,00)

tributos recuperáveis que estavam incluídos no valor da compra dos produtos comercializados, no ano de 2014, foi de .... (R$ 35000,00)

(=) Lucro Bruto 325000,00

(-) Despesas operacionais

Despesa de depreciação .... (30.000,00)

Valor adicionado a distribuir .... R$ 295.000

05. (CNMP - Analista do CNMP - FCC - 2015)

GABARITO: E

O valor adicionado a distribuir é apresentado:

Receita líquida de venda 290.000

ICMS sobre venda 60.000

- CMV .... (170.000)

- ICMS sob compra .... (17.500)

DVA Líquida 162.500

- Depreciação .... (15.000)

DVA a distribuir *147.500*

06. (CNMP – Analista do CNMP – FCC – 2015)

GABARITO: D

Receita Bruta de Vendas 400000,00

Custo das Mercadorias Vendidas .... (202500,00)

Impostos recuperáveis sobre compra .... (22500,00) = 25000 x 0,9

Valor adicionado gerado 175.000,00

Conforme regramento do CPC 09 no item 14, ao cálculo do valor adicionado deve-se acrescentar o valor dos tributos, sejam recuperáveis ou não.

07. (DPE-MT – Contador – FGV – 2015)

GABARITO: C

Conforme mencionado no capítulo 4 desta obra, os ativos construídos pela empresa para uso próprio é um fato comum. Nessa construção, diversos fatores de produção são utilizados, inclusive a contratação de recursos externos (por exemplo, materiais e mão-de-obra terceirizada) e a utilização de fatores internos como mão de obra, com os consequentes custos que essa contratação e utilização provocam. Para elaboração da DVA, essa construção equivale a produção vendida para a própria empresa, e por isso seu valor contábil integral precisa ser considerado como receita. A mão de obra própria alocada é considerada como distribuição dessa riqueza criada, e eventuais juros ativados e tributos também recebem esse mesmo tratamento. Entretanto, os gastos com serviços de terceiros e materiais são apropriados como insumos. Logo, temos:

1 – Receita (40.000+25.000+15.000+10.000) = 90.000

2 – Insumos adquiridos de terceiros – matéria-prima (40.000)

3 – Valor adicionado bruto = 50.000

4 – Depreciação (10.000)

5 – Valor adicionado líquido = 40.000

6 – Valor adicionado recebido em transferência = 0

7 – Valor adicionado total a distribuir = 40.000

08. (TJ-BA - Analista Judiciário - Contabilidade - FGV - 2015)

GABARITO: C

1 - Receitas

1.1) Vendas de mercadorias, produtos e serviços (usa-se a venda bruta) R$ 21.000,00

2 – Insumos adquiridos de terceiros (Compras brutas)... R$ 11.000,00

3 – Valor adicionado bruto (1-2).................................... R$ 10.000,00

4 –Retenções: Depreciação, amortização e exaustão.......... R$ 1.800,00

5 – Valor adicionado líquido produzido pela entidade (3-4) .... R$ 8.200,00

6 – Valor adicionado recebido em transferência 0

7 – Valor adicionado total a distribuir (5+6)...................... R$ 8.200,00

09. (COSEAC - Técnico em Contabilidade - UFF - 2015)

GABARITO: A

Conforme explicado no capítulo 4 deste livro, o termo "Valor adicionado", é representado pela riqueza criada pela empresa, a diferença entre o valor das vendas e os insumos adquiridos de terceiros. Inclui também o valor adicionado recebido em transferência, ou seja, produzido por terceiros e transferido à entidade.

10. (TCE-CE - Analista de Controle Externo-Auditoria Governamental - FCC - 2015)

GABARITO: A

Sobre os tributos incidentes na compra/venda, o livro apresenta no capítulo 4, que as Vendas e os Custo das Mercadorias Vendidas deverão incluir os tributos recuperáveis e não recuperáveis, portanto:

Vendas.. 700000

(=580000+120000)

CMV.. (375000)

(= 340000+35000)

= VA bruto... 325000

Retenção

(Depreciação)..(30000)

= VA Líquido.. 295000

= VA a Distribuir 295000

Cabe ressaltar que o salário deverá configurar na parte da distribuição do agente econômico pessoal, já o Imposto de Renda e Contribuição social deverá configurar no grupamento do agente econômico governamental

11 (TRE-MA – Analista Judiciário – IESES – 2015)

GABARITO: C

Receita com Venda de Mercadorias...................................... R$ 350000

Despesa com manutenção de computadores – serviço terceirizado (R$ 7000)

VALOR ADICIONADO BRUTO .... R$ 343000

Despesa com depreciação... (R$ 3000)

VALOR ADICIONADO LÍQUIDO .... R$ 340000

VALOR AIDICONADO RECEBIDO EM TRANSFERÊNCIA........... 0

VALOR ADICIONADO A DISTRIBUIR.......................... R$ 340.000

12. (TJ-PI – Analista Judiciário – FGV – 2015)

GABARITO: B

Os impostos devem compor tanto o custo das mercadorias vendidas – (CMV) com as receitas, no final serão compensados. Vide a resolução:

ESTOQUE (COM O IMPOSTO) = 5000

CMV (COM O IMPOSTO) = 1250

RECEITA (COM O IMPOSTO) = 6000

DEPRECIAÇÃO= 500

RECEITA VENDAS.=.6000

(-) INSUMOS ADQUIRIDOS DE TERCEIROS 1250

(=) VALOR ADICIONADO BRUTO...4750

(-) DEPRECIAÇÃO, AMORTIZAÇÃO E EXAUSTÃO 500

(=) VALOR ADICIONADO LÍQUIDO 4250

13. (CESPE - Analista Judiciário - CNJ - 2013)
GABARITO: ERRADO

Na DVA, é necessário apresentar todos os impostos, recuperáveis ou não, para demonstrar o valor distribuído nas esferas federal, estadual e municipal, através dos impostos e contribuição, como exemplo temos: PIS/COFINS, ICMS, IPI, ISS, IPTU e outros.

14. (TJ-RR - Contador - CESPE - 2012)
GABARITO: E

A Demonstração do Valor Adicionado tem como objetivo evidenciar informações relativas à riqueza criada pela entidade em determinado período e a forma como tais riquezas foram distribuídas, bem como a parcela não distribuída. Sua estrutura encontra-se definida no capítulo 4 deste livro da seguinte forma:

1) Receitas – devem ser consideradas as receitas criadas pela própria entidade, derivadas de venda de mercadorias, produtos e serviço e outras receitas geradas pela entidade (incluídos aos valores das vendas de produtos e serviços e as outras receitas geradas pela própria entidade os valores dos tributos incidentes sobre tais receitas) e a constituição e reversão da Provisão para créditos de liquidação duvidosa.

2) (-) Insumos adquiridos de terceiros – representados pelo Custo dos produtos, das mercadorias e dos serviços vendidos (incluídos os tributos incidentes no momento das compras, recuperáveis ou não e excluídos os gastos com pessoal próprio); Materiais, energia, serviços de terceiros e outros(devendo ser considerados os tributos incidentes sobre os mesmos, recuperáveis ou não); Perda e recuperação de valores ativos (incluídos os valores relativos a ajustes por avaliação a valor de mercado de estoques, imobilizados, investimentos, assim como aqueles derivados da constituição e reversão de provisão para perdas por desvalorização de ativos)

3) Valor Adicionado Bruto – resultado da diferença entre as receitas geradas pela própria entidade e os insumos adquiridos de terceiros.

4) (-) Depreciação, Amortização e Exaustão – inclui a despesa contabilizada no período.

5) Valor Adicionado Líquido produzido pela empresa – resultado da diferença entre o valor adicionado bruto e depreciação, amortização e exaustão.

6) Valor adicionado recebido em transferência-representado pela riqueza que não tenha sido criada pela própria entidade, e sim por terceiros, e que a ela é transferida, sob as rubricas Resultado de equivalência patrimonial, Receitas financeiras (incluídas todas as receitas financeiras, inclusive as variações cambiais ativas, independentemente de sua origem) e outras Receitas (os dividendos relativos a investimentos avaliados ao custo, aluguéis, direitos de franquia, outros).

7) = Valor Adicionado Total a Distribuir – soma do valor adicionado líquido distribuído pela empresa e o valor adicionado recebido em transferência

8) Distribuição do Valor Adicionado – deve ser detalhada a forma que a riqueza obtida pela entidade foi distribuída, devendo seu somatório ser igual ao Valor Total a Distribuir.

A distribuição deve ser detalhada nos seguintes agentes econômicos: Pessoal, representados pelos valores apropriados ao custo e ao resultado do exercício.

Os impostos, taxas e contribuições, valores relativos aos impostos, taxas e contribuições, como imposto de renda, contribuição social sobre o lucro, contribuições ao INSS, que sejam ônus do empregador.

A remuneração de capitais de terceiros, representados pelos valores pagos ou creditados aos financiadores externos de capital, como juros, aluguéis, royalties. E por fim, a remuneração de capitais próprios, representado pelos valores relativos à remuneração atribuída aos sócios e acionistas, como juros sobre o capital próprio, dividendos, lucros/prejuízo do exercício. Abaixo seguem as informações geradas na Questão

1) Receita gerada pela entidade = receita de vendas = R$ 300.000,00

2) Insumos adquiridos de terceiros = R$ 220.000,00

3) Valor adicionado bruto = Receita gerada pela entidade – Insumos adquiridos de terceiros = R$ 300.000 – R$ 220.000 = R$ 80.000

4) Depreciação, Amortização e Exaustão = R$ 13.000,00

5) Valor Adicionado Líquido produzido pela empresa=Valor adicionado bruto – depreciação = R$ 80.000 – R$ 13.000 = R$ 67.000

6) Valor Adicionado total a distribuir = Valor adicionado líquido produzido pela empresa + Valor adicionado recebido em transferência

Valor Adicionado total a distribuir = R$ 67.000 + R$ 2.000,00 = R$ 69.000

Estrutura da DVA

1) Receita ....R$ 300.000,00
2) (-) Insumos Adq. de Terceiros...............................(R$ 220.000,00)
3) = Valor adicionado bruto .... R$ 80.000,00
4) (-) Depreciação, Amort. e Exaust. ....(R$ 13.000,00)
5) = Valor Adic. Liq. prod. pela empresa..................... (R$ 67.000,00)
6) Valor Adic. recebido em transferência...................... (R$ 2.000,00)
7) = Valor adicionado total a distribuir ....R$ 69.000,00

Considerando que o valor adicionado bruto encontrado é igual a R$ 80.000,00, sendo menor que o valor informado na assertiva da questão R$ 90.000,00, conclui-se que tal assertiva está ERRADA.

15. (CFC - Contador - 2013)

GABARITO: B

Receita 102.800 - CMV (25.000) = 77.800. Cabe lembrar que na DVA, os valores são calculados considerando os impostos.

16. (CFC - Contador - 2013)

GABARITO: C

A) Insumo adquirido de terceiros representa os valores relativos às aquisições de matérias-primas, mercadorias, materiais, energia, serviços, e outros, que tenham sido transformados em despesas do período

B) Valor adicionado recebido em transferência representa a riqueza que não tenha sido criada pela própria entidade, e sim por terceiros, e que a ela é transferida, como por exemplo receitas financeiras, de equivalência patrimonial, dividendos, aluguel, royalties e outros. Precisa ficar destacado, inclusive para evitar dupla-contagem em certas agregações.

C) ERRADO: pois as reservas patrimoniais pertencem ao grupamento de remuneração de capitais próprios são valores relativos à remuneração atribuída aos sócios e acionistas. Os lucros retidos, inclui os valores relativos ao lucro do exercício destinados às reservas, nos casos de prejuízo, esse valor deve ser incluído com sinal negativo.

D) A segunda parte da DVA deve apresentar de forma detalhada como a riqueza obtida pela entidade foi distribuída. Os principais componentes dessa distribuição estão apresentados a seguir:

- Pessoal – valores apropriados ao custo e ao resultado do exercício na forma de (Remuneração direta, Benefícios e FGTS);
- Governo – Impostos, taxas e contribuições (Federais, Estaduais e Municipais);
- Remuneração de capitais de terceiros (Juros, Aluguéis e Outras);
- Remuneração de capitais próprios (Juros sobre o capital próprio (JCP), e dividendos Lucros retidos e prejuízos do exercício).

17. (FCC – SEFAZ-SC – Auditor-Fiscal da Receita Estadual – Auditoria e Fiscalização – Prova 3 – 2018)
GABARITO: A

A questão solicita o valor adicionado distribuído na forma de impostos, taxas e contribuições, logo temos:

Impostos sobre vendas = 110.000

Impostos a recuperar = 27.000

Impostos (ICMS, PIS, COFINS) a serem de fato pagos (distribuídos): 110.000-27.000 = 83.000

O INSS patronal entra no cálculo: (+) 4.000

IR e CSLL = 35.400

Logo: 83.000 + 4.000 + 35.400 = 122.400

18. (CFC – Contador – 2013)
GABARITO: B

A Demonstração do Resultado do Exercício é elaborada de forma dedutiva, ordenando receitas e despesas, apurando o resultado econômico ao final. A Demonstração do Valor Adicionado – DVA, demonstra a riqueza gerada (valor adicionado) através da operação principal da empresa (compra, produção e venda), e a distribuição dessa riqueza basicamente em quatro grupos: Governo; Pessoal, Instituições Financeiras e Sócios.

Vejamos então a DVA

RECEITAS	
Vendas de Mercadorias	800.000,00
INSUMOS ADQUIRIDOS DE TERCEIROS	
Custo das Mercadorias Vendidas	(600.000,00)
Serviços de Terceiros – Representantes Comerciais	
VALOR ADICIONADO BRUTO	200.000,00
RETENÇÕES	
Depreciação, Amortização e Exaustão	(8.000,00)
VALOR ADICIONADO LÍQUIDO	192.000,00
VALOR ADICIONADO A DISTRIBUIR	192.000,00
DISTRIBUIÇÃO DO VALOR ADICIONADO	192.000,00
Despesas com Pessoal	65.000,00
Impostos	81.100,00
Juros	3.000,00
Lucros Retidos / Prejuízos Acumulados	42.900,00

Como pudemos observar, o Valor Adicionado foi gerado pela operação normal da empresa. Neste caso, essa riqueza gerada é distribuída:

aos funcionários, através da despesa com pessoal;
ao governo, através dos Impostos;
as instituições financeiras, através das despesas financeiras;
aos sócios, através do lucro.

19. (CFC - Contador - 2013)

GABARITO: C

Primeiramente, vamos olhar um exemplo completo da Demonstração do Valor adicionado, e em seguida vamos esclarecer o preenchimento, para podermos responder à questão. Conforme demonstrado no capítulo 4 desta obra, o valor adicionado representa a riqueza criada pela empresa, de forma geral medida pela diferença entre o valor das vendas e os insumos adquiridos de terceiros.

O valor adicionado recebido em transferência, ou seja, produzido por terceiros e transferido à entidade.

De maneira geral, a DVA demonstra o valor da riqueza gerada pela empresa e a sua distribuição entre aqueles que contribuíram para a sua formação. O valor adicionado, conforme esclarecido no parágrafo anterior, é distribuído para quatro agente econômico, a saber: Pessoal (funcionários); Impostos, taxas e contribuições (governo); Remuneração de Capitais de Terceiros (bancos, fornecedores e outros) e Remuneração de Capitais Próprios (sócios/acionistas).

Compreendendo alguns detalhes que compõem o Valor Adicionado.

1 – RECEITAS

1.1) Vendas de mercadorias, produtos e serviços:

Valor das vendas Brutas (com os impostos incidentes: IPI, ICMS, PIS e COFINS) menos as devoluções e abatimentos, ou seja, receita realizada.

1.2) Outras receitas:

Normalmente serão os ganhos e/ou perdas na alienação de imobilizado e investimentos;

1.3) Receitas relativas à construção de ativos próprios;

1.4) Provisão para créditos de liquidação duvidosa – Reversão / (Constituição)

Considera-se as perdas apropriadas ao resultado, bem como a reversão da provisão.

2 – INSUMOS ADQUIRIDOS DE TERCEIROS

2.1) Custos dos produtos, das mercadorias e dos serviços vendidos:

Aqui serão computados apenas os insumos adquiridos de terceiros, que fazem parte do Custo das Vendas (DRE), como por exemplo: matéria-prima, material de embalagem, e outros. Esses valores devem ser considerados sem a dedução dos impostos. O mesmo tratamento deve ser dado para o caso de mercadorias e serviços adquiridos de terceiros.

2.2) Materiais, energia, serviços de terceiros e outros:

Referem-se a materiais, utilidades e serviços adquiridos de terceiros, que normalmente são considerados como despesas na DRE. Os valores devem ser computados sem a dedução de impostos, como no item 2.1.

2.3) Perda / Recuperação de valores ativos:

Considerar os valores relativos a constituição ou reversão de perdas com desvalorização e redução ao valor recuperável de ativos, conforme CPC 01 - Redução ao Valor Recuperável de Ativos.

6 - VALOR ADICIONADO RECEBIDO EM TRANSFERÊNCIA

6.1) Resultado de equivalência patrimonial:

Resultado de equivalência patrimonial positivo ou negativo e dividendos recebidos de investimentos avaliados pelo método de custo.

6.2) Receitas financeiras:

Todas as receitas financeiras, incluídas no resultado, independentemente de sua origem.

Após apurarmos o Valor Adicionado total, devemos distribuí-lo em até 4 grupos, a saber:

8.1) Pessoal

Valores relativos as despesas com mão de obra (incluindo FGTS), que podem estar apropriados no custo do produto vendido ou nas despesas, na Demonstração do Resultado.

8.2) Impostos, taxas e contribuições

Todos os impostos, Municipais, estaduais e Federais, incluindo o INSS parte do empregador. Os impostos compensáveis devem ser apresentados de forma líquida, ou seja, a parte incidente sobre as vendas deduzida da parte considerada nos insumos adquiridos de terceiros.

8.3) Remuneração de capitais de terceiros

Valores pagos ou creditados aos financiadores externos de capital, incluindo aluguéis ou outra remuneração que configure transferência de riqueza a terceiros

8.4) Remuneração de Capitais Próprios

Remuneração atribuída a sócios e acionistas

A questão pede a classificação dos seguintes itens de valor adicionado, após os esclarecimentos anteriores, devemos classificá-los como:

Despesa com aluguel: Remuneração de Capital de Terceiros;

Energia elétrica: Insumos adquiridos de terceiros;

Resultado positivo da equivalência patrimonial: Valores recebidos de terceiros.

20. (CFC - Contador - 2013)

GABARITO: B

O valor adicionado (ou valor agregado) constitui-se das receitas obtidas pela empresa em razão de suas atividades deduzidas dos custos dos bens e serviços adquiridos de terceiros para a geração dessas receitas.

Estrutura:

1 – RECEITAS

1.1) Vendas de mercadorias, produtos e serviços 9.000,00

1.2) Outras receitas

1.3) Receitas relativas à construção de ativos próprios

1.4) Provisão para créditos de liquidação duvidosa – Reversão/(Constituição)

2 – INSUMOS ADQUIRIDOS DE TERCEIROS

(inclui os valores dos impostos – ICMS, IPI, PIS e COFINS)

2.1) Custos dos produtos, das mercadorias e dos serviços vendidos 5.0000,00

2.2) Materiais, energia, serviços de terceiros e outros 1.2000,00

2.3) Perda / Recuperação de valores ativos

2.4) Outras (especificar)

3 – VALOR ADICIONADO BRUTO (1-2)

4 – DEPRECIAÇÃO, AMORTIZAÇÃO E EXAUSTÃO 200,00

5 – VALOR ADICIONADO LÍQUIDO PRODUZIDO PELA ENTIDADE (3-4)

6 – VALOR ADICIONADO RECEBIDO EM TRANSFERÊNCIA

6.1) Resultado de equivalência patrimonial

6.2) Receitas financeiras

6.3) Outras

7 – VALOR ADICIONADO TOTAL A DISTRIBUIR (5+6) 2.600,00

21. (FGV - SEFAZ-RJ - Fiscal de Rendas - 2010)

GABARITO: E

DVA

1) RECEITAS 1.000
2) INSUMOS 240*
3) VAB(1-2) 760
4) RETENÇÕES 0
5) VAL(3-4) 760
6) VA EM TRANSF. 0
7) VA A DIST (5+6) 760
8) DIST DO VA 760

Desp. Pessoal 200
Imposto 190
Desp. Juros 140
LL 230** (DRE)

DRE

RB 1.000
(-) imposto s/ vendas 190
= RL 810
(-) cmv 240*
= LB 570
(-) desp. Oper. 340
Desp. Pessoal 200
Desp. Juros 140
= LL 230

* cmv = C + Ei – Ef
cmv= 240 + 0 – 0
cmv= 240

22. (CONSULPLAN – CFC – Bacharel em Ciências Contábeis – 2º Exame – 2019)

GABARITO: C

(+) RECEITAS $ 65.000.000

(-) INSUMOS ADQUIRIDOS DE TERCEIROS $ 55.000.000

- CMV $ 49.000.000

- Materiais, energia, serviços de terceiros e outros $ 6.000.000

(=) VALOR ADICIONADO BRUTO $ 10.000.000

(-) DEPRECIAÇÃO, AMORTIZAÇÃO E EXAUSTÃO $ 1.400.000

(=) VALOR ADICIONADO LÍQUIDO $ 8.600.000

(+) VALOR ADICIONADO RECEBIDO EM TRANSFERÊNCIA $ 10.300.000

- Resultado de equivalência patrimonial ($1.700.000)

- Receitas financeiras $ 12.000.000

(=) VALOR ADICIONADO TOTAL A DISTRIBUIR $ 18.900.000

23. (SUSAM, Técnico de Nível Superior – Ciências Contábeis, FGV, 2014) Parte inferior do formulário

GABARITO: D

Receita	50.000
(+) Receitas de aluguel	7.000
(-) PCLD	(2.000)
(-) Seguros	(6.000)
(-) Serviços terceiros	(9.000)
(-) Materiais	(20.000)
= Valor adicionado bruto	20.000
(-) Depreciação	(12.000)
= Valor adicionado líquido	8.000
(+) GEP	40.000
(+) Receitas financeiras	16.000
= Valor adicionado a distribuir	64.000

24. (Receita Federal - Auditor Fiscal da Receita Federal - ESAF - 2014)

GABARITO: A

As receitas financeiras de juros recebidas por entidades comerciais são classificadas na DVA no subgrupamento, Valor Adicionado recebido em Transferência, pois é riqueza não criada pela própria entidade. Outros exemplos classificados neste subgrupamento são: resultado de equivalência patrimonial, dividendos, aluguel, royalties e outros.

Já o valor da contribuição patronal para a previdência social está classificado na parte de distribuição da riqueza (ou Distribuição do Valor Adicionado), que mostra como a riqueza obtida pela entidade foi distribuída. Os principais componentes da Distribuição da Riqueza são: 1) Pessoal, 2) Impostos, Taxas e Contribuições, 3) Remuneração de Capitais de Terceiros e 4) Remuneração de Capitais Próprios.

25. (AL-BA – Técnico de Nível Médio – Contabilidade – FGV - 2014)

GABARITO: C

A distribuição do valor adicionado neste exercício foi:

Agente Econômico – Pessoal:	**R$ 40.000,00**
Despesa de salários de funcionários	R$ 40.000,00
Agente Econômico – Governo:	**R$ 43.000,00**
Impostos	R$ 43.000,00
Agente Econômico -Terceiros:	**R$ 42.000,00**
Despesa de aluguel	R$ 12.000,00
Despesa financeira	R$ 30.000,00
Agente Econômico – Próprios:	**R$ 40.000,00**
Dividendos	R$ 40.000,00
	R$ 165.000,00

26. (SEFAZ-RJ – Auditor Fiscal da Receita Estadual – FCC - 2014)

GABARITO: A

O valor adicionado gerado pela empresa no semestre foi de:

(+) RECEITA = R$ 500.000,00 (receita bruta de vendas)

(-) INSUMOS = R$ 220.000,00 (CMV)

(=) VALOR ADICIONADA BRUTO = R$ 280.000,00

(-) DEPRECIAÇÃO = R$ 20.000,00

(=) VALOR ADICIONADA LÍQUIDO = R$ 260.000,00

(-) TRIBUTOS RECUPERÁVEIS = R$ 30.000,00

(=) VALOR ADICIONADO TOTAL A DISTRIBUIR = R$ 230.000,00

27. (TRT-ES – Analista Judiciário – Contabilidade - 2013)

GABARITO: ERRADO

Conforme estudado neste livro, o reconhecimento da riqueza criada pela própria entidade, deve apresentar das receitas e/ou venda de mercadorias, produtos e serviços – inclui os valores dos tributos incidentes sobre essas receitas (por exemplo, ICMS, IPI, PIS e COFINS), ou seja, corresponde ao ingresso bruto ou faturamento bruto, mesmo quando na demonstração do resultado tais tributos estejam fora do cômputo dessas receitas.

Os insumos adquiridos de terceiros, isto é, os valores dos custos dos produtos e mercadorias vendidos, materiais, serviços, energia etc. consumidos, devem ser considerados os tributos incluídos no momento das compras (por exemplo, ICMS, IPI, PIS e COFINS), recuperáveis ou não. Esse procedimento é diferente das práticas utilizadas na demonstração do resultado.

28. (TJ-AC – Analista Judiciário – Contador - 2012)

GABARITO: ERRADO

Valor adicionado bruto = receita – insumos adquiridos de terceiros

Valor adicionado bruto = 300.000 – 110.000 = 190.000

Valor adicionado a distribuir = Valor adicionado bruto – depreciações + valor adicionado recebido em transferência

Valor adicionado a distribuir = 190.000 – 14.000 + 4.000 = 180.000

29. (TRT-SE - Analista Judiciário - Contabilidade - FCC - 2011)

GABARITO: A

Conforme explicado no quarto capítulo deste livro, os valores recebidos em transferência, correspondem aos valores recebidos de terceiros, temos como exemplo o resultado de equivalência patrimonial, que representa receita ou despesa; se despesa, deve ser considerado como redução ou valor negativo. As receitas financeiras, são todas as receitas financeiras, inclusive as variações cambiais ativas, independentemente de sua origem. Existem também, os dividendos relativos a investimentos avaliados ao custo, aluguéis, direitos de franquia, e outros.

30. (INMETRO - Técnico de Contabilidade - CESPE - 2010)

GABARITO: A

A Demonstração do Valor Adicionado tem como objetivo evidenciar informações relativas à riqueza criada pela entidade em determinado período e a forma como tais riquezas foram distribuídas, bem como a parcela não distribuída. Sua estrutura encontra-se definida no capítulo 4 deste livro, logo a resolução da questão ficou da seguinte forma:

1)Receita gerada pela entidade = receita líquida + ICMS s/ vendas = R$ 39.550 + R$ 5.450 = R$ 45.000,00

2)Insumos adquiridos de terceiros = Custo das mercadorias vendidas + ICMS incidente sobre a compra + serviço de vigilância

Insumos adquiridos de terceiros = R$ 14.350,00 + R$ 2.450 + R$ 3.000 = R$ 19.800,00

3)Valor adicionado bruto = Receita gerada pela entidade – Insumos adquiridos de terceiros = R$ 45.000 – R$ 19.800 = R$ 25.200

4)Depreciação, Amortização e Exaustão = R$ 1.800,00

5)Valor Adicionado Líquido produzido pela empresa=Valor adicionado bruto - depreciação = R$ 25.200 - R$ 1.800 = R$ 23.400

6) Valor Adicionado total a distribuir = Valor adicionado líquido prod. pela empresa + Valor adic. recebido em transferência

Valor Adicionado total a distribuir = R$ 23.400 + R$ 0,00 = R$ 23.400

Estrutura da DVA

1) Receita ....R$ 45.000,00

2) (–) Insumos Adq. de Terceiros .... (R$ 19.800,00)

3) = Valor adicionado bruto ....R$ 25.200,00

4) (–) Depreciação, Amort. e Exaust. .... (R$ 1.800,00)

5) = Valor Adic. Liq. prod. pela empresa .... (R$ 23.400,00)

6) Valor Adic. recebido em transferência .... (R$ 0,00)
7) = Valor adicionado total a distribuir ....R$ 23.400,00
8) Distribuição do Valor Adicionado .... R$ 23.400,00
8.1) Pessoal ....(R$ 8.800,00)
Remuneração Direta ....(R$ 8.000,00)
FGTS .... (R$ 800,00)
8.2) Impostos, Taxas e Contribuições (R$ 7.530,00)
8.2.1) Federais ....(R$ 4.530,00)
INSS .... (R$ 1.500,00)
IR e CSLL .... (R$ 3.030,00)
8.2.2) Estaduais .... (R$ 3.000,00)
ICMS .... (R$ 3.000,00)
8.3) Remuneração de Capitais Próprios .... (R$ 7.070,00)
Lucros Retidos ....(R$ 7.070,00)

Obs.: O valor do ICMS a ser evidenciado na Distribuição do Valor Adicionado (no valor de R$ 3.000) é obtido mediante a diferença entre o valor incidente na venda e o valor incidente sobre os itens considerados como insumos adquiridos de terceiros (R$ 5.450 – R$ 2.450,00).

31. (INMETRO – Técnico de Contabilidade – CESPE - 2010)
GABARITO: B

A composição dos gastos para o agente econômico pessoal são os valores de salários, prêmios, gratificações, férias, décimo terceiro, alimentação, transporte, auxílio educação e o FGTS, conforme mencionado no quarto capítulo do livro.

Cabe ressaltar que o INSS patronal apesar de ser um encargo, não é um valor entregue aos empregados, mas à Previdência Social. Por isso, este valor é considerado uma distribuição ao governo. Logo, o cálculo da questão ficou da seguinte forma:
= SALÁRIO R$ 8.000,00 + FGTS R$ 800,00

32. (ABIN - Oficial Técnico de Inteligência - Área de Ciências Contábeis- CESPE - 2010)

GABARITO: C

Ao analisar a questão, verifica-se que a letra "C" está correta, logo fizemos o detalhamento dessa alternativa, abaixo:

A segunda parte da DVA deve apresentar de forma detalhada como a riqueza obtida pela entidade foi distribuída. Os principais componentes dessa distribuição estão apresentados a seguir:

Distribuição da riqueza

a) Pessoal;

b) Impostos, taxas e contribuições;

c) Remuneração de capitais de terceiros - valores pagos ou creditados aos financiadores externos de capital;

• Juros - inclui as despesas financeiras, inclusive as variações cambiais passivas, relativas a quaisquer tipos de empréstimos e financiamentos junto a instituições financeiras, empresas do grupo ou outras formas de obtenção de recursos. Inclui os valores que tenham sido capitalizados no período.

• Aluguéis - inclui os aluguéis (inclusive as despesas com arrendamento operacional) pagos ou creditados a terceiros, inclusive os acrescidos aos ativos.

• Outras - inclui outras remunerações que configurem transferência de riqueza a terceiros, mesmo que originadas em capital intelectual, tais como royalties, franquia, direitos autorais, etc.

d) Remuneração de capitais próprios.

33. (DPU - Contador - CESPE - 2010)

GABARITO: E

Segue o detalhamento da resposta correta:

Receita - 4.153.360

(-) insumos (2.907.441)

(=) Valor adicionado bruto = 1.245.919

(-) Depreciação (475.998)

(=) Valor adicionado líquido = 769.921

(+) Valor adicionado recebido em transferência = 66.989

(=) Valor total a distribuir 836.910

34. (BAHIAGÁS – Analista de Processos Organizacionais – Contabilidade- FCC - 2010)

GABARITO: B

É importante salientar que o objetivo da DVA é evidenciar a riqueza criada por uma empresa ao longo do exercício social e a forma como essa riqueza é distribuída, conforme explicado no capítulo quatro desta obra. Os principais componentes dessa distribuição, estão apresentados da seguinte forma:

Agente econômico – Pessoal Empregados;

Agente econômico – Governo;

Agente econômico – Terceiros (Bancos e Financiadores);

Agente econômico – Capital Próprio (Sócios e/ou parcela dos lucros retida para investimento).

A DVA é elaborada com base nas informações contidas na DRE, assim, como em outros relatórios contábeis. Como o enunciado da questão já apresenta a DRE da empresa e solicita apenas o valor adicionado distribuído a título de remuneração do trabalho, basta selecionarmos, dentre as contas apresentadas, aquelas que estejam vinculadas a essa destinação. Assim temos:

Ordenados e Salários R$ 400,00

(+)

Participação dos empregados nos lucros R$ 148,00

(=)

Total do Valor Adicionado distribuído a título de Remuneração R$ 548,00

35. (DNOCS – Contador – FCC - 2010)

GABARITO: C

Segue o detalhamento da assertiva correta.

Demonstração do Valor Adicionado

1-RECEITAS

1.1) Vendas de mercadoria, produtos e serviços.................. 540.000

1.2) Outras receitas (não operacionais)

1.3) Provisão p/devedores duvidosos – Reversão / (Constituição)

2 – INSUMOS ADQUIRIDOS DE TERCEIROS (inclui ICMS e IPI)

2.1) Matérias-Primas consumidas

2.2) Custos das mercadorias e serviços vendidos................ (250.000)

2.3) Materiais, energia, serviços de terceiros e outros............. (70.000 + 20.000)

2.4) Perda / Recuperação de valores ativos

3 – VALOR ADICIONADO BRUTO (1-2)............................. 200.000

4 – RETENÇÕES

4.1) Depreciação, amortização e exaustão........................ (40.000)

5–VALOR ADICIONADO LÍQUIDO PRODUZIDO PELA ENTIDADE (3-4)..160.000

6 – VALOR ADICIONADO RECEBIDO EM TRANSFERÊNCIA

6.1) Resultado de equivalência patrimonial

6.2) Receitas financeiras.. 30.000

7 – VALOR ADICIONADO TOTAL A DISTRIBUIR (5+6)......... 190.000

36. (TJ-AP – Analista Judiciário – Contabilidade – FCC - 2009)
GABARITO: D

Para solucionarmos esta questão é preciso conhecer a estrutura da DVA que é composta da seguinte forma:

I. RECEITAS

Vendas de mercadorias, produtos e serviços

Outras receitas

(+ / -) Provisão para Créditos de Liquidação Duvidosa (Reversão e Constituição)

II. INSUMOS ADQUIRIDOS DE TERCEIROS

Custo dos Produtos, Mercadorias e Serviços Vendidos

Materiais, Energia, Serviços de Terceiros e Outros

Perda/Recuperação de valores ativos

III. VALOR ADICIONADO BRUTO (I – II)

IV. DEPRECIAÇÃO, AMORTIZAÇÃO E EXAUSTÃO

V. VALOR ADICIONADO LÍQUIDO (III - IV)

VI. VALOR ADICIONADO RECEBIDO EM TRANSFERÊNCIA

Resultado da Equivalência Patrimonial

Receitas Financeiras

VII. VALOR ADICIONADO TOTAL A DISTRIBUIR

VIII. DISTRIBUIÇÃO DO VALOR ADICIONADO

1. Pessoal: Remuneração direta, benefícios, FGTS
2. Impostos Taxas e Contribuições
3. Remuneração de Capitais de Terceiros: Juros, aluguéis
4. Remuneração de Capitais Próprios: juros sobre capital próprio, dividendos, lucros retidos, prejuízo do exercício

Observe que a questão pede a alternativa que contenha apenas itens da Distribuição do Valor Adicionado, ou seja, do item VIII da DVA.

37. (SEFAZ-SP – Agente Fiscal de Rendas- FCC - 2009)

GABARITO: D

O Resultado Positivo de Equivalência Patrimonial é classificado como Valor Adicionado Recebido em Transferência, conforme explicado no capítulo 4 desta obra. Os valores adicionados recebidos (dados) em transferência a outras entidades correspondem:

a) ao resultado positivo ou negativo de equivalência patrimonial;

b) aos valores registrados como dividendos relativos a investimentos avaliados ao custo;

c) aos valores registrados como receitas financeiras relativos a quaisquer operações com instituições financeiras, entidades do grupo ou terceiros; e

d) aos valores registrados como receitas de aluguéis ou royalties, quando se tratar de entidade que não tenha como objeto essa atividade.

38. (INSTITUTO AOCP - Câmara de Cabo de Santo Agostinho - PE - 2019 - Contador)

GABARITO: C

Ao analisar a questão, fizemos o detalhamos da assertiva acima.

(+) Receita de vendas de mercadorias R$ 800.000

(+) Receitas de construção de ativos próprios R$ 50.000

(-) INSUMOS ADQUIRIDOS DE TERCEIROS R$ 420.000

- CMV R$ 400.000

- Despesas de serviços de terceiros R$ 20.000

(=) VALOR ADICIONADO BRUTO R$ 430.000

(-) DEPRECIAÇÃO, AMORTIZAÇÃO E EXAUSTÃO R$10.000

(=) VALOR ADICIONADO LÍQUIDO R$ 420.000

39. (CESPE - SEFAZ-DF - Auditor Fiscal - 2020)

GABARITO: CERTO

Conforme explicado neste livro, a DVA deve proporcionar aos usuários das demonstrações contábeis informações relativas à riqueza criada pela entidade em determinado período e a forma como tais riquezas foram distribuídas.

A distribuição da riqueza criada deve ser detalhada, minimamente, da seguinte forma:

(a) pessoal e encargos;

(b) impostos, taxas e contribuições;

(c) juros e aluguéis;

(d) juros sobre o capital próprio (JCP) e dividendos;

(e) lucros retidos/prejuízos do exercício.

40. (CESPE – EBSERH – Analista Administrativo – Contabilidade – 2018)

GABARITO: C

A DVA, em sua primeira parte, deve apresentar de forma detalhada a riqueza criada pela entidade. Os principais componentes da riqueza criada estão apresentados a seguir nos seguintes itens:

Formação da riqueza

Riqueza criada pela própria entidade

(+) Receitas

[...]

(-) Insumos adquiridos de terceiros

Custo dos produtos, das mercadorias e dos serviços vendidos – inclui os valores das matérias-primas adquiridas junto a terceiros e contidas no custo do produto vendido, das mercadorias e dos serviços vendidos adquiridos de terceiros; não inclui gastos com pessoal próprio.

Materiais, energia, serviços de terceiros e outros – inclui valores relativos às despesas originadas da utilização desses bens, utilidades e serviços adquiridos junto a terceiros.

Acrescentando...

Distribuição da riqueza

A segunda parte da DVA deve apresentar de forma detalhada como a riqueza obtida pela entidade foi distribuída:

Pessoal; impostos, taxas e contribuições; remuneração de capitais de terceiros; remuneração de capitais próprios.

41. (CESGRANRIO – Transpetro – Contador Júnior – 2018)

GABARITO: A

Conforme entendimento da questão, pede como deverá ser classificado os valores relativos a depreciações e amortizações, para resolver esta questão, devemos ter o conhecimento da estrutura da DVA.

1- RECEITAS

1.1) Vendas de mercadoria, produtos e serviços

1.2) Provisão p/devedores duvidosos – Reversão/(Constituição)

1.3) Não operacionais

2- INSUMOS ADQUIRIDOS DE TERCEIROS (inclui ICMS e IPI)

2.1) Matérias-Primas consumidas

2.2) Custos das mercadorias e serviços vendidos

2.3) Materiais, energia, serviços de terceiros e outros

2.4) Perda/Recuperação de valores ativos

3 – VALOR ADICIONADO BRUTO (1-2)

4 – RETENÇÕES

4.1) Depreciação, amortização e exaustão

5 – VALOR ADICIONADO LÍQUIDO PRODUZIDO PELA ENTIDADE (3-4)

6 – VALOR ADICIONADO RECEBIDO EM TRANSFERÊNCIA

6.1) Resultado de equivalência patrimonial

6.2) Receitas financeiras

7 – VALOR ADICIONADO TOTAL A DISTRIBUIR (5+6)

8 – DISTRIBUIÇÃO DO VALOR ADICIONADO

8.1) Pessoal e encargos

8.2) Impostos, taxas e contribuições

8.3) Juros e aluguéis

8.4) Juros s/ capital próprio e dividendos

8.5) Lucros retidos / prejuízo do exercício

* O total do item 8 deve ser exatamente igual ao item 7.

42. (CESGRANRIO - Petrobras - Contador Júnior - 2018)

GABARITO: D

Um modelo básico de DVA, aplicável às empresas em geral.

1 – Receitas

1.1) Vendas de mercadorias, produtos e serviços

1.2) Outras receitas

1.3) Receitas relativas à construção de ativos próprios

1.4) Provisão para créditos de liquidação duvidosa – Reversão / (Constituição)

2 – Insumos adquiridos de terceiros (Inclui os valores dos impostos – ICMS, IPI, PIS E COFINS)

2.1) Custos dos produtos, das mercadorias e dos serviços vendidos

2.2) Materiais, energia, serviços de terceiros e outros

2.3) Perda / Recuperação de valores ativos

2.4) Outras (especificar)

3 – Valor adicionado bruto (1-2)

4 – Retenções: Depreciação, amortização e exaustão

5 – Valor adicionado líquido produzido pela entidade (3-4)

6 – Valor adicionado recebido em transferência

6.1) Resultado de equivalência patrimonial

6.2) Receitas financeiras

6.3) Outras

7 – Valor adicionado total a distribuir (5+6)

8 – Distribuição do valor adicionado

8.1) Pessoal

8.1.1 – Remuneração direta

8.1.2 – Benefícios

8.1.3 – FGTS

8.2) Impostos, taxas e contribuições

8.2.1 – Federais

8.2.2 – Estaduais

8.2.3 – Municipais

8.3) Remuneração de capitais de terceiros

8.3.1 – Juros

8.3.2 – Aluguéis

8.3.3 – Outras

8.4) Remuneração de capitais próprios

8.4.1 – Juros sobre o capital próprio

8.4.2 – Dividendos

8.4.3 – Lucros retidos / Prejuízo do exercício

8.4.4 – Participação dos não-controladores nos lucros retidos (só p/ consolidação)

Agora vamos efetuar as devidas correlações:

P – Aluguéis – III – Remuneração de Capital de Terceiros

Q – Lucros Retidos – IV – Remuneração de Capital Próprio

R – Imposto de Renda de Pessoa Jurídica – II – Impostos, Taxas e Contribuições

S – Energia Elétrica (Insumos Adquiridos de Terceiros – não possui correlação)

T – 13° Salário – I – Pessoal

43. (CESPE - SLU-DF - Analista de Gestão de Resíduos Sólidos - Ciências Contábeis - 2019)

GABARITO: ERRADO.

Os juros sobre o capital próprio são equivalentes aos dividendos e, independentemente do tipo empresarial e do controlador da entidade, representa uma distribuição de riqueza ao acionista, e não ao governo.

Na demonstração do valor adicionado, a distribuição de riqueza ao governo é representada pelos tributos (impostos, taxas e contribuições incidentes no período).

Ainda que o Estado seja o proprietário/dono da empresa, os juros sobre o capital próprio são uma remuneração sobre o capital investido pelo proprietário e, portanto, devem ser apresentados como distribuição de valor ao acionista/dono da empresa.

44. (INSTITUTO - PC-ES - Perito Oficial Criminal - Área 1 - 2019)

GABARITO: D

As variações cambiais ativas deverão ser classificadas na Demonstração do Valor Adicionado, como valor adicionado recebido em transferência, conforme explicado no capítulo 4 deste livro.

45. (IF-ES – IF-ES – Técnico em Contabilidade – 2019)

GABARITO: B

Nesta questão, o examinador quer a resposta errada, cuidado, logo a distribuição da riqueza criada deve ser detalhada, minimamente, da seguinte forma:

(a) pessoal e encargos;

(b) impostos, taxas e contribuições;

(c) juros e aluguéis;

(d) juros sobre o capital próprio (JCP) e dividendos;

(e) lucros retidos/prejuízos do exercício.

Sendo assim, os insumos deverão ser apresentados na primeira parte da DVA, na geração de riquezas.

46. (IADES – AL-GO – Contador -2019)

GABARITO: B

Segue o detalhamento da questão em epígrafe.

DVA

1 – RECEITAS

2 – INSUMOS ADQUIRIDOS DE TERCEIROS

3 – VALOR ADICIONADO BRUTO (1-2)

4 – DEPRECIAÇÃO, AMORTIZAÇÃO E EXAUSTÃO

5 – VALOR ADICIONADO LÍQUIDO PRODUZIDO PELA ENTIDADE (3-4) R$ 1.900.000

6 – VALOR ADICIONADO RECEBIDO EM TRANSFERÊNCIA = ?

7 – VALOR ADICIONADO TOTAL A DISTRIBUIR (5+6) R$ 2.500.000

8 – DISTRIBUIÇÃO DO VALOR ADICIONADO R$ 2.500.000

8.1) Pessoal

8.2) Impostos, taxas e contribuições

8.3) Remuneração de capitais de terceiros

8.4) Remuneração de Capitais Próprios

Logo, o VALOR ADICIONADO RECEBIDO EM TRANSFERÊNCIA, será: R$ 2.500.000-R$ 1.900.000=R$ 600.000

47. (INSTITUTO AOCP - Prefeitura de Cariacica - ES - Fiscal de Tributos Municipais - 2020).

GABARITO: B

Nesta questão, o examinador, solicitou o valor adicionado líquido, logo o candidato precisa conhecer a primeira parte da DVA, que são as riquezas geradas pela Cia.

(+) RECEITAS R$ 80.000

(-) INSUMOS ADQUIRIDOS DE TERCEIROS R$ 66.000

- CMV R$ 60.000

- Materiais, energia, serviços de terceiros e outros R$ 6.000

(=) VALOR ADICIONADO BRUTO R$ 14.000

(-) DEPRECIAÇÃO, AMORTIZAÇÃO E EXAUSTÃO R$ 1.400

(=) VALOR ADICIONADO LÍQUIDO R$ 12.600

48. (MPU- Analista do MPU - Atuarial - CESPE - 2015)

GABARITO: E

Essa questão trata de fato permutativo, contudo é evidenciado na DVA como construção de ativos dentro da própria empresa para seu próprio uso é um procedimento comum. Nessa construção, diversos fatores de produção são utilizados, inclusive a contratação de recursos externos, (por exemplo, materiais e mão de obra terceirizada) e a utilização de fatores internos como mão de obra e os custos dessa contratação.

Para elaboração da DVA, essa construção equivale a produção vendida para a própria empresa, e por isso seu valor contábil integral precisa ser considerado como receita.

A mão de obra própria alocada é considerada como distribuição dessa riqueza criada, e eventuais juros ativados e tributos também recebem esse mesmo tratamento. Os gastos com serviços de terceiros e materiais são apropriados como insumos.

49. (TJ-RO - Contador - FGV - 2015)

GABARITO: B

Nesta questão, os autores analisaram cada assertiva e incluímos as justificativas para cada resposta.

a) as receitas de venda de mercadorias, produtos e serviços não incluem os tributos incidentes sobre essas receitas. **Errado**, pois esse caso só é aplicado à DRE, na DVA as receitas de venda de mercadorias, produtos e serviços incluem os tributos incidentes sobre essas receitas.

b) CERTO: os ganhos oriundos de baixas de imobilizado por alienação são considerados como receitas. Outras receitas representam os valores que sejam oriundos, principalmente, de baixas por alienação de ativos não-circulantes, tais como resultados na venda de imobilizado, de investimentos, e outras transações incluídas na demonstração do resultado do exercício que não configuram reconhecimento de transferência à entidade de riqueza criada por outras entidades.

c) a construção de ativos para uso próprio é considerada como uma receita. **Errado,** tal fato não transita como resultado na DRE. Diferentemente dos critérios contábeis, também incluem valores que não transitam pela demonstração do resultado, como, por exemplo, aqueles relativos à construção de ativos para uso próprio da entidade (conforme comentado no capitulo 4 e aos juros pagos ou creditados que tenham sido incorporados aos valores dos ativos de longo prazo (normalmente, imobilizados).

d) os gastos com pessoal próprio são incluídos no custo dos produtos, das mercadorias e dos serviços vendidos. **Errado,** esses custos são classificados como insumos adquiridos de terceiros (custo dos produtos, das mercadorias e dos serviços vendidos), neste grupamento inclui os valores das matérias-primas adquiridas junto a terceiros e contidas no custo do produto vendido, das mercadorias e dos serviços vendidos adquiridos de terceiros, não inclui gastos com pessoal próprio.

e) os juros sobre recursos obtidos junto a terceiros incorridos no período incluem os valores que tenham sido capitalizados. **Errado**, esses juros são considerados despesas financeiras que inclui as variações cambiais passivas, relativas a quaisquer tipos de empréstimos e financiamentos junto a instituições financeiras, empresas do grupo ou outras formas de obtenção de recursos. Os juros são reconhecidos na DRE de forma proporcional ao tempo transcorrido do empréstimo ou financiamento e não quando capitalizados no período.

50. (TCE-RO - Contador - CESPE - 2013)

GABARITO: CERTO

A segunda parte da DVA deve apresentar de forma detalhada como a riqueza obtida pela entidade foi distribuída. Os principais componentes dessa distribuição estão apresentados a seguir:

[...]

Remuneração de capitais de terceiros - valores pagos ou creditados aos financiadores externos de capital.

• Juros - inclui as despesas financeiras, inclusive as variações cambiais passivas, relativas a quaisquer tipos de empréstimos e financiamentos junto a instituições financeiras, empresas do grupo ou outras formas de obtenção de recursos. Inclui os valores que tenham sido capitalizados no período.

• Aluguéis – inclui os aluguéis (inclusive as despesas com arrendamento operacional) pagos ou creditados a terceiros, inclusive os acrescidos aos ativos.

• Outras – inclui outras remunerações que configurem transferência de riqueza a terceiros, mesmo que originadas em capital intelectual, tais como royalties, franquia, direitos autorais, e outros.

51. (TCE-RO - Contador- CESPE - 2013)

GABARITO: ERRADO

O resultado da equivalência refere-se à riqueza gerada por outras empresas, pode representar receita ou despesa. Se despesa, deve ser considerado como redução ou valor negativo, os valores recebidos como dividendos relativos a investimentos avaliados pelo custo.

52. (ABIN - Oficial Técnico de Inteligência - Área de Ciências Contábeis - CESPE - 2010)

GABARITO: CERTO

A Demonstração do Valor Adicionado está estruturada para ser elaborada a partir da Demonstração do Resultado do período. Assim, há uma estreita vinculação entre essas duas demonstrações e essa vinculação deve servir para sustentação da consistência entre elas. Porém ela tem também uma interface com a Demonstração dos Lucros ou Prejuízos Acumulados na parte em que movimentações nesta conta dizem respeito à distribuição do resultado do exercício apurado na demonstração própria.

53. (CGE-MA – Auditor – FGV – 2014)

GABARITO: E

O valor adicionado recebido em transferência representa a riqueza que não tenha sido criada pela própria entidade, e sim por terceiros, e que a ela é transferida, como por exemplo receitas financeiras, de equivalência patrimonial, dividendos, aluguel, royalties e outros.

54. (SEGESP-AL – Perito Criminal – CESPE – 2013)

GABARITO: CERTO

A distribuição da riqueza na DVA deve apresentar de forma detalhada como a riqueza obtida pela entidade foi distribuída. Os principais componentes dessa distribuição estão apresentados a seguir:

(...)

Remuneração de capitais próprios- valores relativos à remuneração atribuída aos sócios e acionistas.

- Lucros retidos e prejuízos do exercício- inclui os valores relativos ao lucro do exercício destinados às reservas, inclusive os JCP quando tiverem esse tratamento; nos casos de prejuízo, esse valor deve ser incluído com sinal negativo.

55. (Transpetro – Contador Júnior – CESGRANRIO – 2011)

GABARITO: A

A riqueza criada pela própria entidade, é apresentada de forma detalhada, através das venda de mercadorias, produtos e serviços, incluindo os valores dos tributos incidentes sobre essas receitas (por exemplo, ICMS, IPI, PIS e COFINS), ou seja, corresponde ao ingresso bruto ou faturamento bruto, mesmo quando na demonstração do resultado tais tributos estejam fora do cômputo dessas receitas. Além disso, o valor recebido em transferência que não tenha sido criada pela própria entidade, e sim por terceiros, e que a ela é transferida, como por exemplo receitas financeiras, de equivalência patrimonial, dividendos, aluguel, royalties e outros.

56. (MPU- Analista do MPU - Atuarial - CESPE - 2015)

GABARITO: ERRADO

Os ativos construídos pela própria empresa para uso próprio, são considerados receita na construção de ativos próprios.

Esses ativos construídos pela própria empresa para o seu uso são utilizados diversos fatores de produção, como por exemplo, materiais, mão de obra e juros, as quais devem ser tratadas, na DVA, segundo suas respectivas naturezas.

Dessa forma, os materiais adquiridos de terceiros terão o mesmo tratamento que os insumos adquiridos de terceiros, ou seja, farão parte dos componentes do valor adicionado bruto.

A mão de obra própria e os juros serão tratados como distribuição de riqueza. Para facilitar o entendimento suponha que determinada empresa tenha um gasto de R$ 200.000,00 com a construção de um imóvel para uso próprio, sendo R$ 120.000,00 referentes a materiais adquiridos de terceiros, R$ 60.000,00 gastos com a mão de obra e R$ 20.000,00 a juros.

Nesse exemplo, deverá ser reconhecida como receita relativa à construção de ativos próprios o valor de R$ 200.000,00, Simultaneamente R$ 120.000 serão incluídos em insumos adquiridos de terceiros, logo, o valor adicionado a distribuir é de R$ 80.000,00 (R$ 200.000,00 - R$ 120.000,00), que distribuídos da seguinte forma: R$ 60.000,00 para pessoal e R$ 20.000,00 como remuneração de capitais de terceiros.

Quando a construção é concluída e o ativo e o ativo em operação, passa a receber tratamento idêntico dos demais ativos adquiridos de terceiros, portanto deve ter reconhecida sua depreciação.

57. (MPU- Analista do MPU - CESPE - 2015)

GABARITO: CERTO

As receitas, venda de mercadorias, produtos e serviços, incluem os valores dos tributos incidentes sobre essas receitas (por exemplo, ICMS, IPI, PIS e COFINS), ou seja, corresponde ao ingresso bruto ou faturamento bruto, mesmo quando na demonstração do resultado tais tributos estejam fora do cômputo dessas receitas.

58. (FUB - Contador - CESPE - 2015)

GABARITO: ERRADO

O reconhecimento de amortização, depreciação e exaustão, irão diminuir o valor adicionado líquido produzido pela entidade, conforme descrito no capítulo 4.

59. (ANTT - Especialista em Regulação de Serviços de Transportes Terrestres -CESPE - 2013)

GABARITO: CERTO

A distribuição da riqueza, deve ser apresentada de forma detalhada. Os principais componentes dessa distribuição estão apresentados a seguir:

- Pessoal, os valores apropriados ao custo e ao resultado do exercício na forma de remuneração direta que representada pelos valores relativos a salários, 13º salário, honorários da administração (inclusive os pagamentos baseados em ações), férias, comissões, horas extras, participação de empregados nos resultados, e outros. Os benefícios, representados pelos valores relativos à assistência médica, alimentação, transporte, planos de aposentadoria. Além disso, temos também os valores depositados em conta vinculada dos empregados, através do FGTS.

- Impostos, taxas e contribuições, são valores relativos ao imposto de renda, contribuição social sobre o lucro, contribuições ao INSS (incluídos aqui os valores do Seguro de Acidentes do Trabalho) que sejam ônus do empregador, bem como os demais impostos e contribuições a que a empresa esteja sujeita. Para os impostos compensáveis, tais como ICMS, IPI, PIS e COFINS, devem ser considerados apenas os valores devidos ou já recolhidos, e representam a diferença entre os impostos e contribuições incidentes sobre as receitas e os respectivos valores incidentes sobre os itens considerados como insumos adquiridos de terceiros.

60. (FCC - Agente de Fiscalização Financeira - TCE-SP - 2012)

GABARITO: B

A Demonstração do Valor Adicionado é destinada a evidenciar, de forma concisa, os dados e as informações do valor da riqueza gerada pela entidade em determinado período e a sua distribuição. As informações devem ser extraídas da contabilidade e os valores informados devem ter como base o princípio contábil da competência.

61. (CESPE - MPU - Técnico de Apoio Especializado - Controle Interno - 2010)

GABARITO: ERRADO

A contabilização de perda de valores ativos, para fins de elaboração da DVA, proporciona redução do valor adicionado. O DVA será deduzido do item Insumos adquiridos de terceiros, especificamente no subitem perda de valores ativos, conforme evidenciado no capítulo 4 desta obra.

62. (CONSULPLAN - 2020 - CFC)

GABARITO: LETRA D

De acordo com a explanação mencionada no capítulo IV, as alternativas corretas são: II, III e V.

Os erros identificados na alternativa I, foram: Exceto a provisão para devedores duvidosos – reversão / constituição – exceto os valores relativos à constituição e baixa de provisão para devedores duvidosos.

Na alternativa V. Na DVA, não devemos excluir as despesas originadas da utilização desses bens, utilidades e serviços adquiridos junto a terceiros.

63. (Instituto Access - Câmara de Orizânia - MG - Contador - 2020)

GABARITO: LETRA C

Conforme explicado no capitulo 4, a elaboração da DVA, será apresentada da seguinte forma:

(+) Receita Bruta de Vendas 150.000

(-) Insumos adquiridos de terceiros: 86.500

- Custo dos Serviços Vendidos 83.500

- Água e Luz 500

- Telefone 1.000

- Internet 1.500

(=) Valor adicionado bruto 63.500

(–) Depreciação 3.500

(=) Valor adicionado líquido 60.000

(+) Valor adicionado recebido em transferência 6.200

- Receitas Financeiras 6.200

(=) Valor adicionado total a distribuir 66.200

Distribuição das riquezas

(-) pessoal 27.500

(-) Impostos, taxas e contribuições 10.500
ISS 4.500
IRCSLL 6.000

(-) Remuneração de capitais de terceiros: 4.200

- Despesas Financeiras 4.200

(-) Remuneração de Capitais Próprios 24.000
A remuneração retida encontrada: lucro retido 24.000 ou (24.000/150.000) 36,25%